L'ANIMAL

dans la

DÉCORATION

L'ANIMAL

dans la

DÉCORATION

PAR

M. P. VERNEUIL

Introduction de M. E. GRASSET

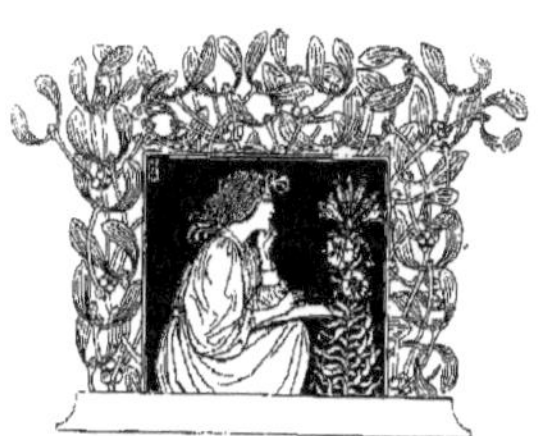

PARIS

LIBRAIRIE CENTRALE DES BEAUX-ARTS

E. LÉVY, ÉDITEUR

13, rue Lafayette.

INTRODUCTION

Dans un précédent écrit j'ai eu l'agréable occasion de féliciter un exposant d'avoir employé dans plusieurs dessins d'étoffes et de papiers peints des formes jusqu'ici presque délaissées; j'entends parler des formes animales.

Qu'y a-t-il là de si étonnant, me dira-t-on avec quelque raison; est-ce une chose nouvelle et propre à attirer des félicitations spéciales à son auteur?

Comment donc, cher lecteur, c'est non seulement une chose nouvelle, mais c'en est même une audacieuse, merveilleuse, prodigieuse! Vous ignorez donc que d'un bout à l'autre de la forêt industrielle, la plupart des pauvres animaux sont abhorrés, pourchassés, interdits, proscrits! Vous ne savez peut-être pas qu'on n'y tolère que les Griffons, Chimères et Lions à face humaine de la défroque classique; que les plus hardis ont osé hasarder quelques Colombes, Hérons ou Colibris; que l'Hirondelle s'est quelquefois timidement faufilée dans ses rameaux, alors que l'Aigle fier et malheureux n'y entre plus depuis longtemps, pas plus du reste que le Coq familier banni comme tant d'autres.

Un égal ostracisme s'exerce sur le royaume aquatique en son entier, sauf toutefois une illustre exception: j'ai nommé le Dauphin, l'immortel Dauphin que vous connaissez si bien avec sa grosse tête, sa belle paire de moustaches et son regard tour à tour irrité ou bon enfant. Quelle est la fontaine qui ne possède son Dauphin, et combien ce cher ami n'a-t-il pas depuis des siècles rendu de services aux arts? Le dessinateur à court d'invention avait bien vite fait de disposer une belle paire de Dauphins à la tête énorme lançant deux jets hardis, aux moustaches formidablement traînantes, à la queue retroussée en cor de chasse, flanqué de roseaux qui ne poussent que dans l'eau douce, et voilà un gros espace qui se trouvait comblé avec un « motif riche » à la satisfaction générale.

Autrefois, du moins, on voyait dans le règne ornemental, le Papillon.

l'Écureuil, le Chien et le Singe; de temps à autre, un audacieux Perroquet parvenait à se glisser dans les feuillages, des Cygnes y recourbaient harmonieusement leur col; on y rencontrait même jusqu'à des Couleuvres et des Hérissons. La Mythologie, toute puissante alors, faisait intervenir le Paon avec Junon et le Cheval avec Neptune, voire même la Chouette de Minerve et le Cerf de Diane, mais rarement émancipés de la présence de leurs maîtres.

Les modernes ont bien réduit cette liste et quand, par ultra-fantaisie, on admet un animal dans une œuvre d'art appliqué, ce n'est qu'à la condition qu'il soit aimable, c'est-à-dire qu'il n'ait pas de trop gros yeux, un trop gros bec, de trop grosses pattes; il ne faut pas non plus qu'il soit hérissé ou trop glabre; qu'il ne rappelle rien de rampant, de visqueux ou de ces choses qui sautent ou courent vite avec beaucoup de pattes! Horreur!! — Non, il faut qu'il soit comme il faut, bourgeois et très apprivoisé; qu'on le sente animé des sentiments les plus doux, les plus tendres, et que sa physionomie soit plutôt bonasse et en tout cas sympathique.

Inutile donc de penser aux Poissons gluants et puants, aux Rats, Souris, Lézards, Grenouilles et Crapauds, Salamandres et Serpents abandonnés pour la plupart depuis des siècles d'un goût plus épuré. Ne parlons pas non plus des Scarabées, Sauterelles et Chenilles, des Escargots et Limaces, ainsi que des Chauves-Souris, Corbeaux et Hiboux, spectres tristes et affreux!

Il va sans dire que des Rhinocéros, Hippopotames, Crocodiles, Iguanes, Langoustes et Crabes, il n'a jamais été question; et pourtant

> Il n'est pas de serpent ni de monstre odieux
> Qui *bien interprété* ne puisse plaire aux yeux.

Quelles peuvent bien être les raisons de cette aversion pour tout une partie du règne animal?

— Il y en a, paraît-il, plusieurs quelque peu obscures. On vous dira entre autres que les vilaines bêtes font peur à la clientèle, à cause de l'état nerveux de la dite clientèle, très souvent féminine.

Mais pourquoi les bêtes sont-elles vilaines, et pourquoi effrayent-elles les dames nerveuses?

— Parce que, depuis l'époque de la Renaissance, on a pris la funeste habitude de traiter tous les ornements, qu'ils soient tissés, peints ou imprimés sur les surfaces, comme si on les voyait en relief, et que cette habitude a conduit peu à peu, comme dans tous les autres Arts sans exception, au réalisme absolu.

J'avoue que, dans ces conditions, une série de Cafards de quinze centimètres de long, ou de Crabes de trente de diamètre, serait peu supportable sur les murs d'une chambre à coucher; car avec cette exactitude de rendu n'importe quel animal, — et je blasphème sans crainte en m'écriant : « Même le Dauphin ! » — devient alors abominablement répugnant. Les Chimères, Lions et Griffons sont tout aussi repoussants, qu'ils soient représentés modelés comme dans du saindoux ou de la pierre de taille.

Mais aussi pourquoi cette déplorable manie, et c'est là une idée de peuple sauvage ou tout au moins naïvement jeune, de vouloir qu'on puisse les prendre avec la main sur nos fauteuils, nos canapés, nos rideaux, nos murailles? — Parce qu'on a totalement perdu de vue le sens des applications des formes naturelles aux divers emplois, aux diverses matières, aux diverses fabrications qu'on a torturées pour leur faire exprimer l'impossible ; parce qu'on a, de plus, oublié que tout ce qui est sur une surface ornée doit se conformer, soit à la courbure, soit à la planité de cette surface au lieu d'y créer des bosses et des creux par une déplorable ornementation en relief, où l'on peut rencontrer des animaux recouverts de vrai poil, de vraies écailles, de vraies plumes à faire vomir!

Mais quand, par une interprétation voulue on transforme chaque détail de l'animal choisi en un ornement spécial, que sa silhouette est elle-même modifiée pour les besoins de la fabrication et ceux de la composition, que sa surface est enrichie de motifs imaginaires ne dépendant que du : « Fais ce que voudras » ; en un mot, en ne prenant l'être naturel que comme point de départ et en composant librement avec ce motif comme thème, on arrive au but avec une infinie variété sans que les formes ainsi traitées soient jamais choquantes.

Les artisans du Moyen Age ont, en employant ces moyens, créé d'incomparables merveilles dans les magnifiques étoffes dont quelques fragments sont parvenus jusqu'à nous et dans leur admirable sculpture.

L'Extrême-Orient nous a également montré quelles peuvent être les ressources qu'offrent les formes animales bien traitées, aussi bien dans les bronzes, fers ciselés, bois sculptés, pièces céramiques et repoussées que dans les laques, cuirs, étoffes ou papiers ; œuvres d'art dans toute l'acception du mot, dignes de toute admiration et de constante étude, non pour les copier, mais pour y trouver le secret du style.

MM. les industriels ne se gênent pas pour dire qu'ils ne vendraient pas des articles où une vraie nouveauté de ce genre se ferait jour. Qu'est-ce qu'ils en savent, puisqu'ils se refusent à fabriquer les dits modèles? Ou alors c'est qu'ils en ont fait faire de si infâmes, qu'ils ne se sont pas vendus, et avec justice, parce qu'il ne s'y trouvait aucune franchise dans le parti pris, aucune confiance dans le succès ; parce qu'il faut aimer nos entreprises si nous voulons qu'elles réussissent; des tentatives faites en rechignant étant condamnées à un perpétuel avortement.

Que cherche constamment l'industrie ? — De la variété dans les modèles, de la variété dans les couleurs, de la variété dans les formes, et cela avec un minimum de frais de fabrication.

Les innombrables types animaux ne sont-ils pas tout indiqués pour remplir ce but, introduire cette variété si recherchée dans les ornements exclusivement végétaux ou de pure imagination ?

Le véritable obstacle, c'est qu'il faut avoir étudié à fond les êtres vivants que l'on veut ornemaniser, et cela demande un temps et un dérangement considérables.

C'est donc avec une vive satisfaction que je signale au public le présent ouvrage dans lequel on ne trouvera aucune infraction aux principes du véritable Art ornemental. Beaucoup de recueils anciens et modernes comportent de nombreuses représentations animales ; mais on y sent presque toujours, ce qui n'existe pas ici, l'imitation pour le plaisir d'imiter et non pour celui de composer ou orner.

Je n'ai nul besoin de recommander plus que cela l'œuvre de M. M.-P. Verneuil, car les planches s'en chargeront elles-mêmes par l'ingéniosité des compositions jointe aux charmes de la couleur. Elles montrent ce que peut le véritable talent lorsqu'il repose sur de sains principes.

Cette suite vient d'elle-même s'ajouter à « la Plante et ses Applications ornementales » comme un indispensable complément. Ce n'est là qu'un commencement qui est loin d'avoir épuisé l'inépuisable matière qu'offrent ces deux ordres d'idées ; mais tels que se présentent ces ouvrages, je les crois appelés à rendre d'importants services.

Il était bon, je puis même dire « nécessaire » d'affirmer ces tentatives faites un peu hors des routes habituelles, et s'il n'est pas douteux qu'elles trouvent des continuateurs, elles trouveront en tous cas des approbateurs.

Décembre 1897.

E. GRASSET.

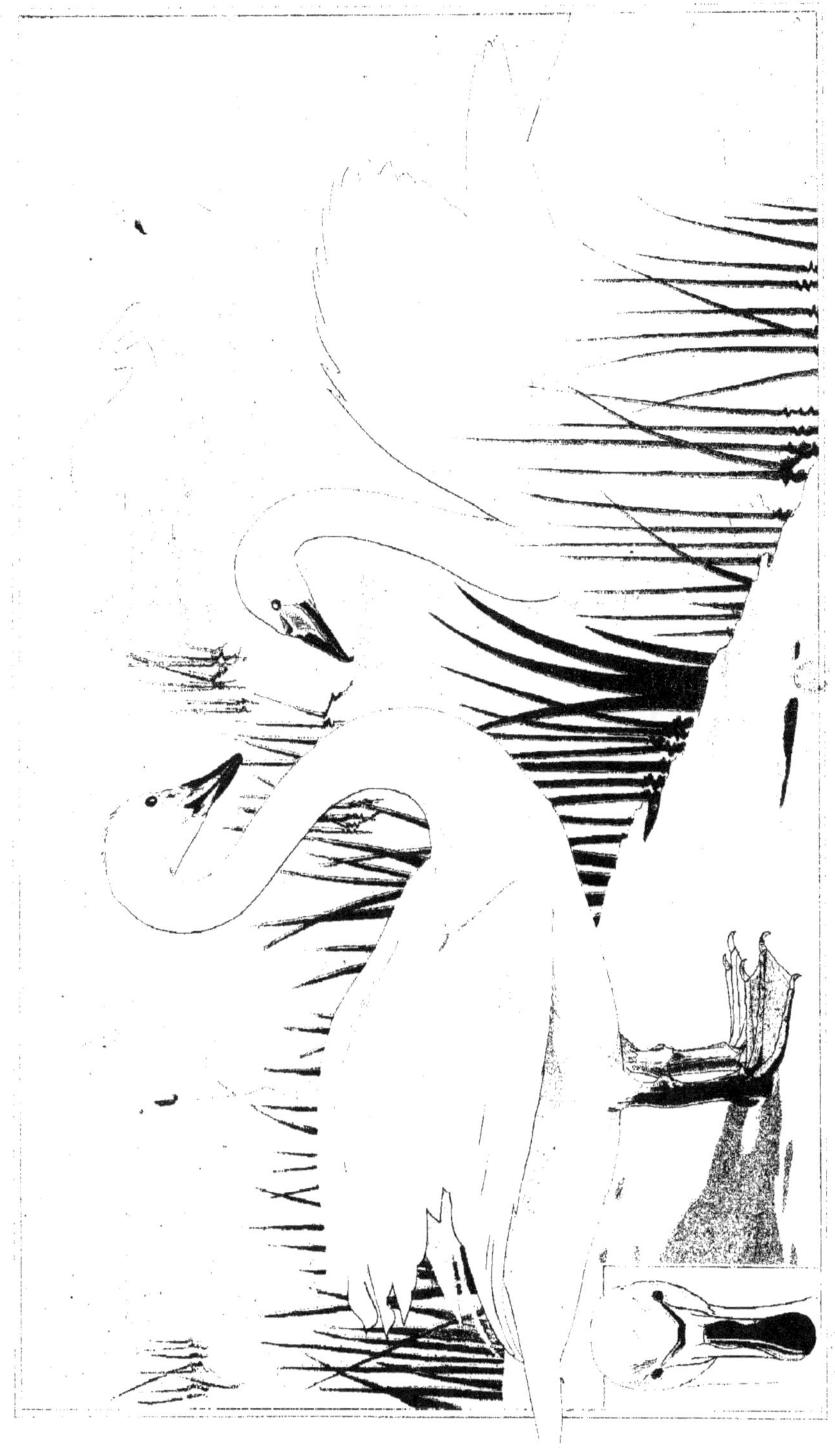

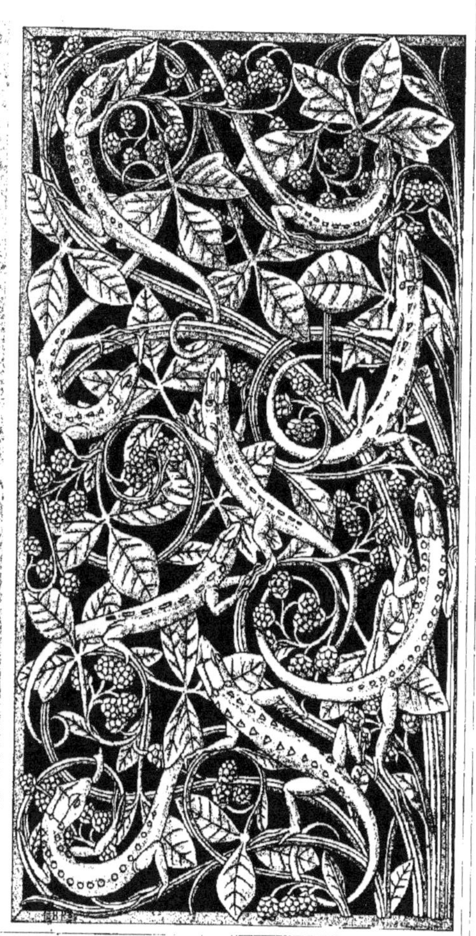

... FEUILLES, ...   HIPPOCAMPES et ALGUES, DENTELLE   LÉZARDS et RONCES, GRILLE EN BRONZE

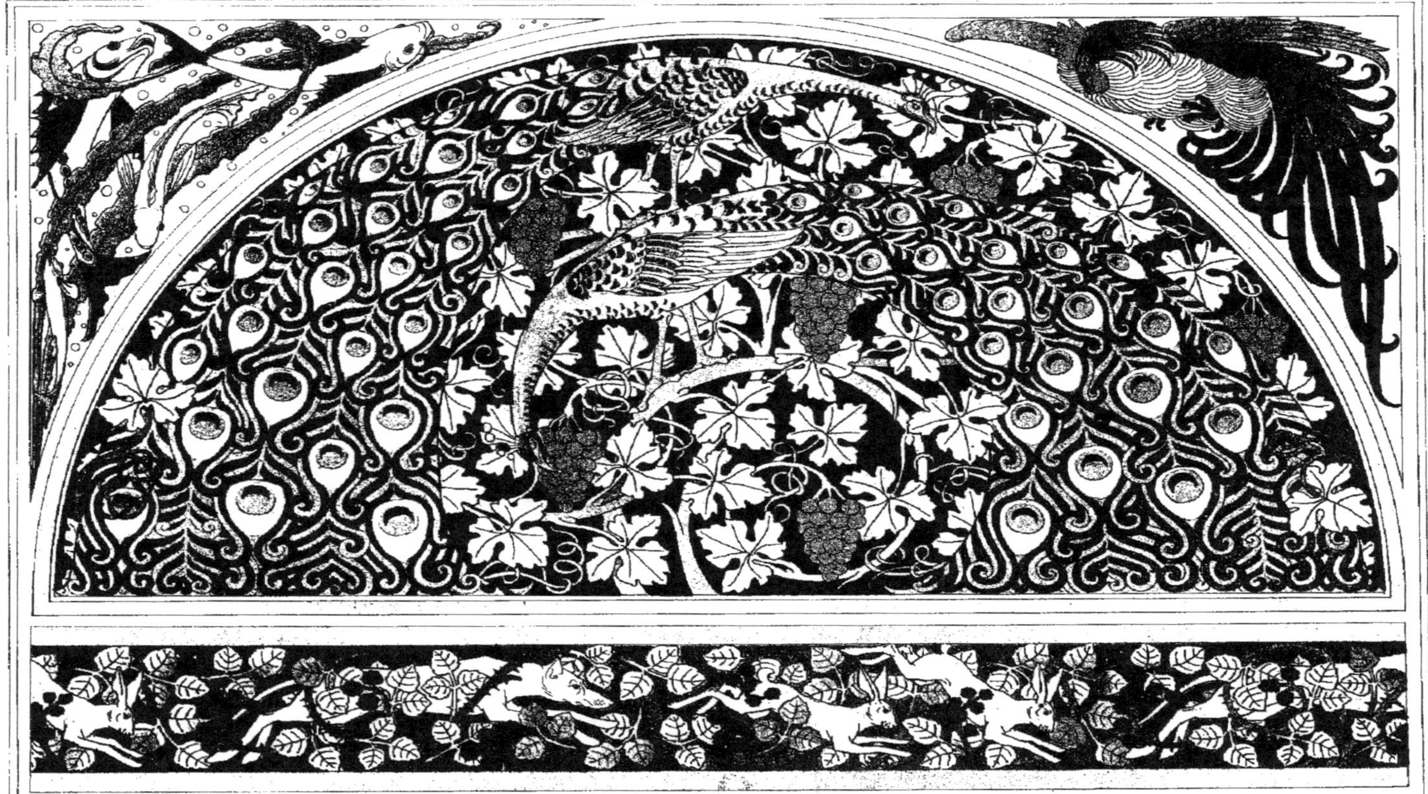

POISSONS et ALGUES, COQ, ÉCOINÇON   PAONS et VIGNE. — LIÈVRES, CHIENS et RONCES, BORDURE

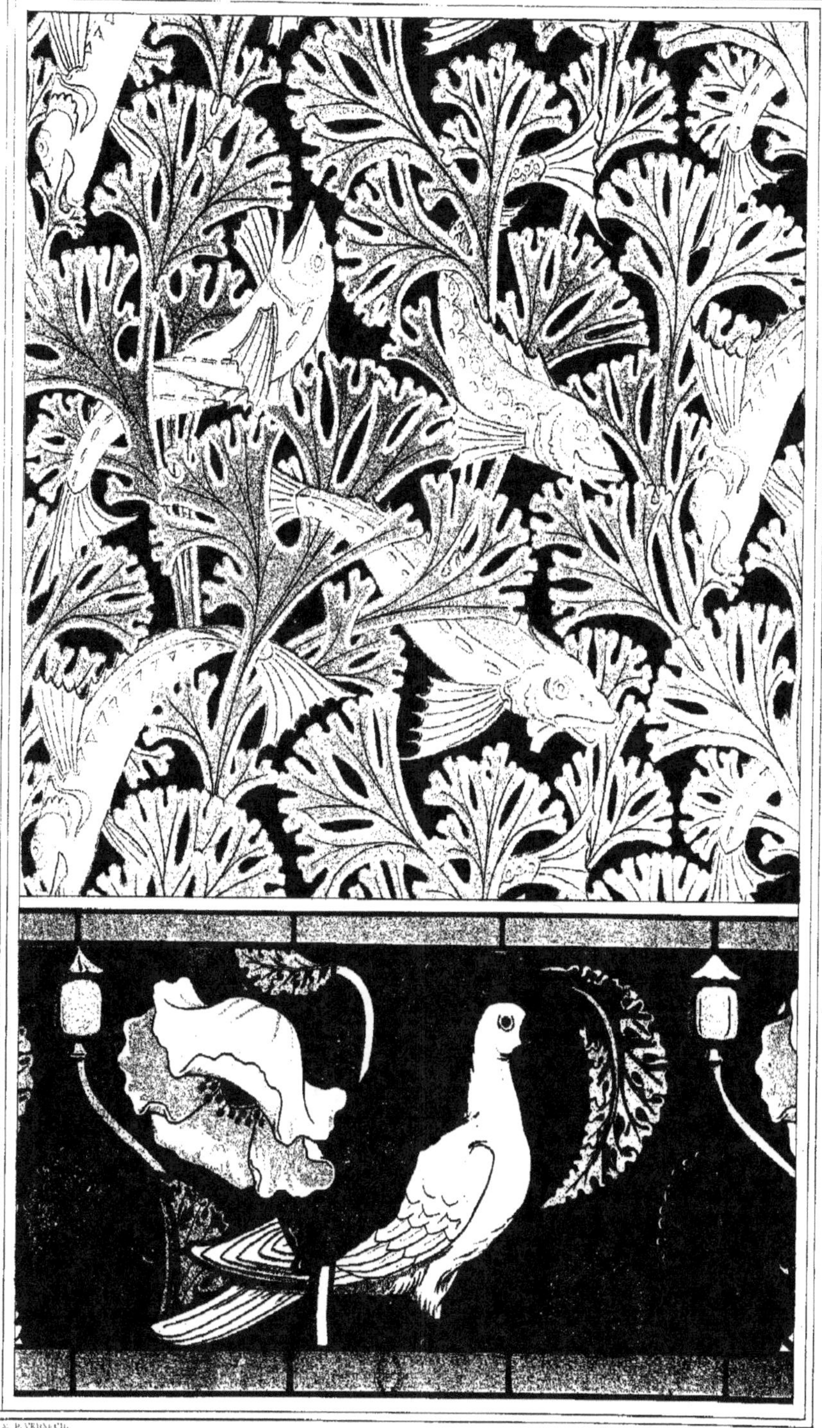

POISSONS ET ALGUES, PAPIER PEINT   PIGEON ET PAVOTS, BORDURE DE VITRAIL

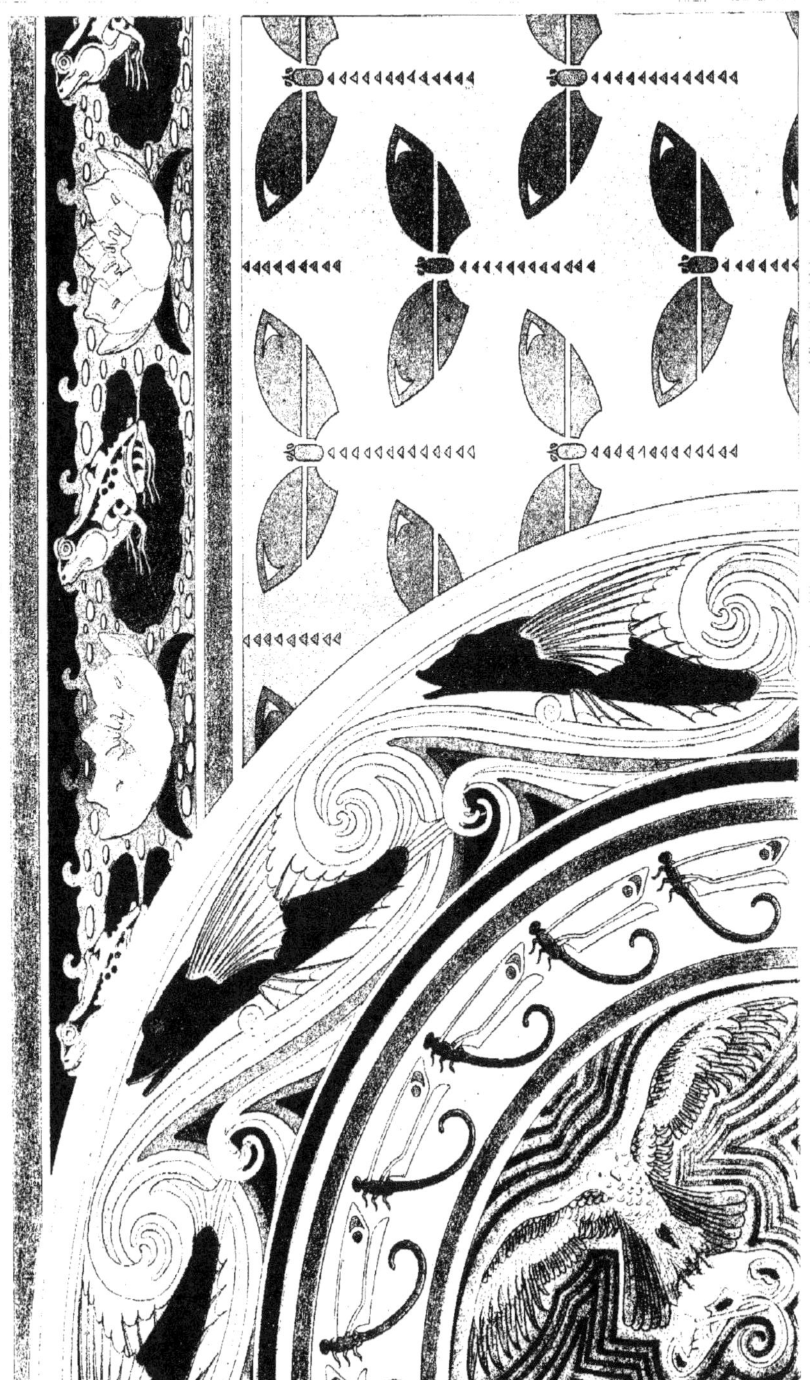

LUCANES et CHAMPIGNONS, OXALIDES et PAPILLONS. (BORDURE)

CYGNES, IRIS et NÉNUPHARS. ÉMAIL CLOISONNÉ

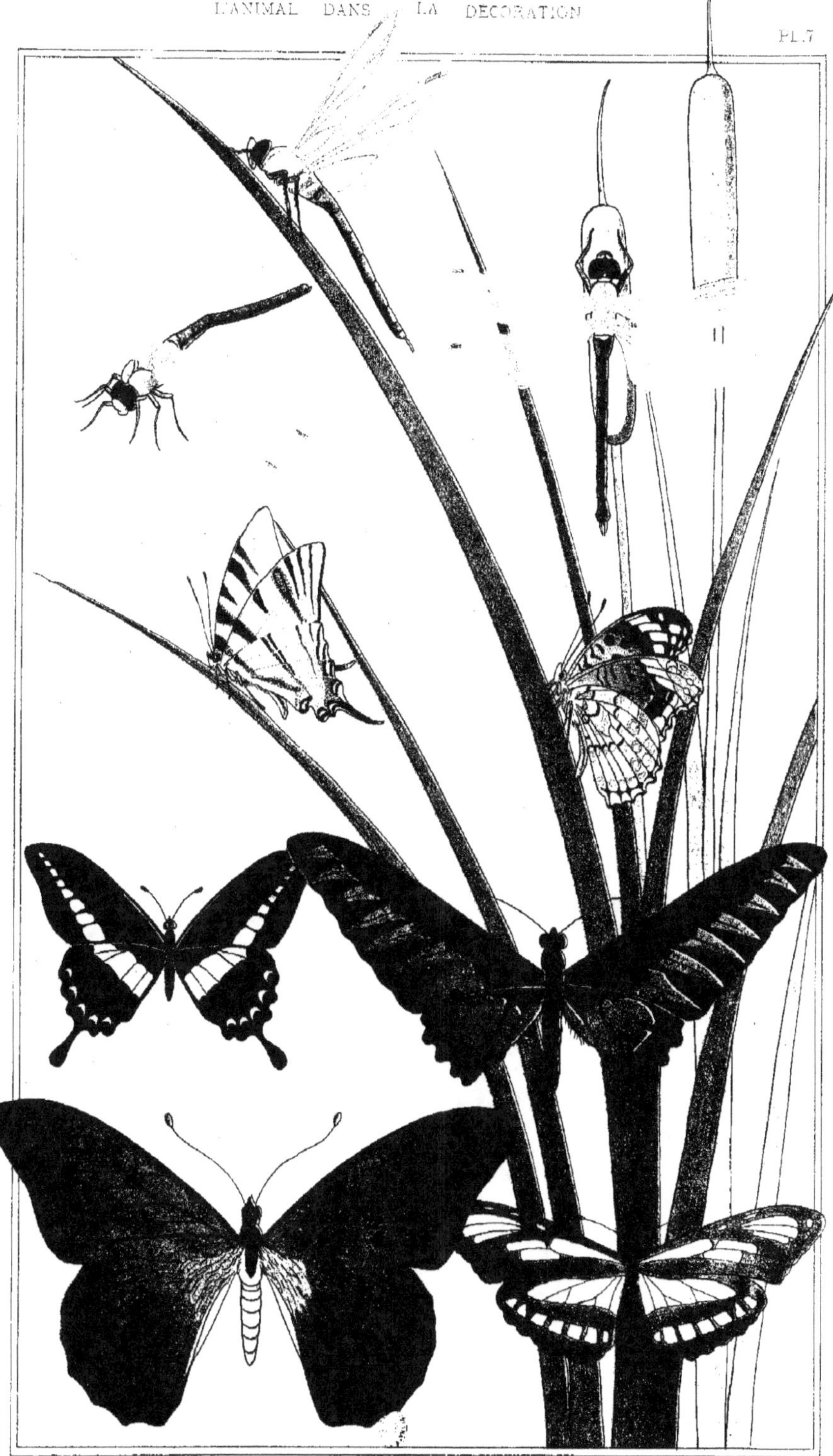

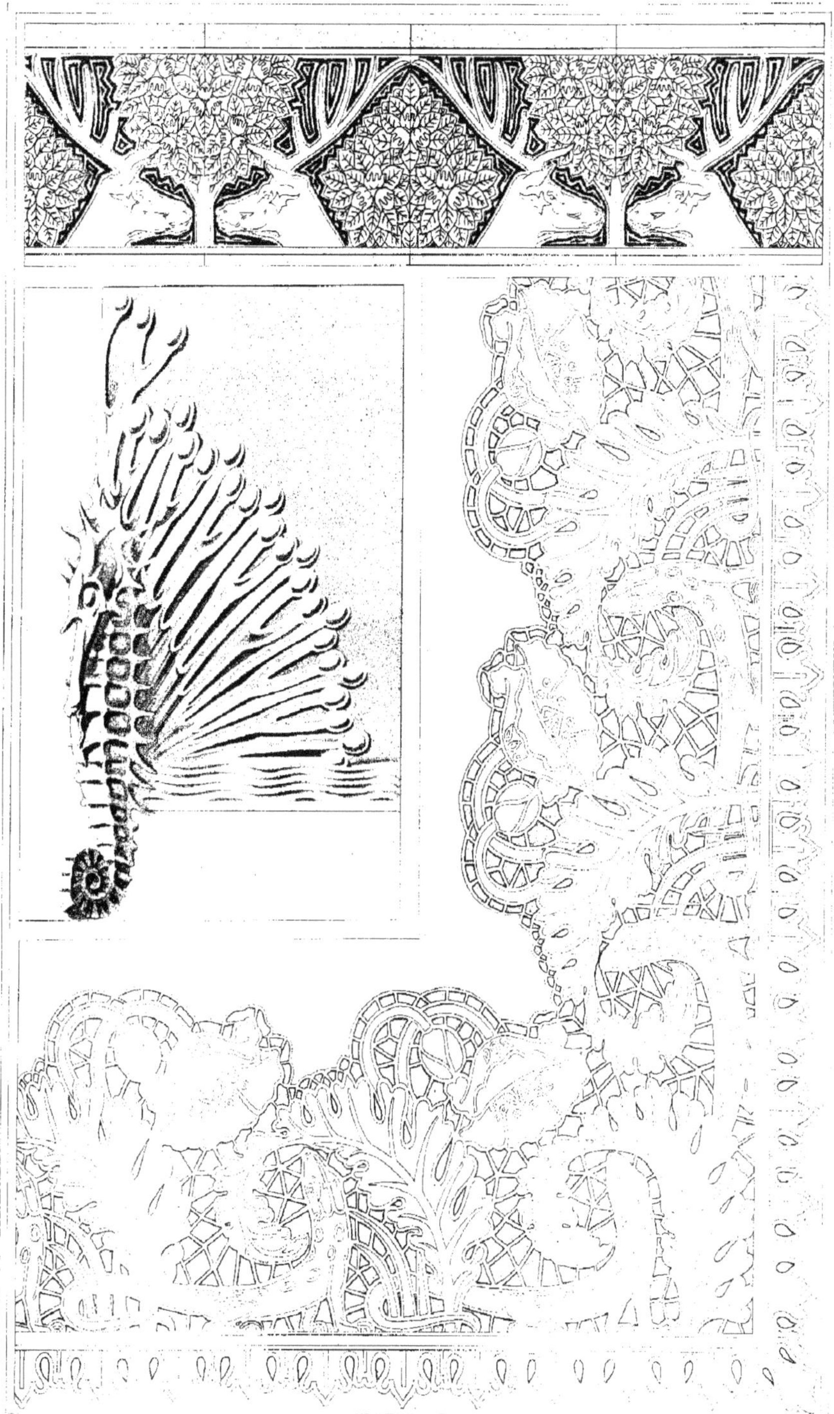

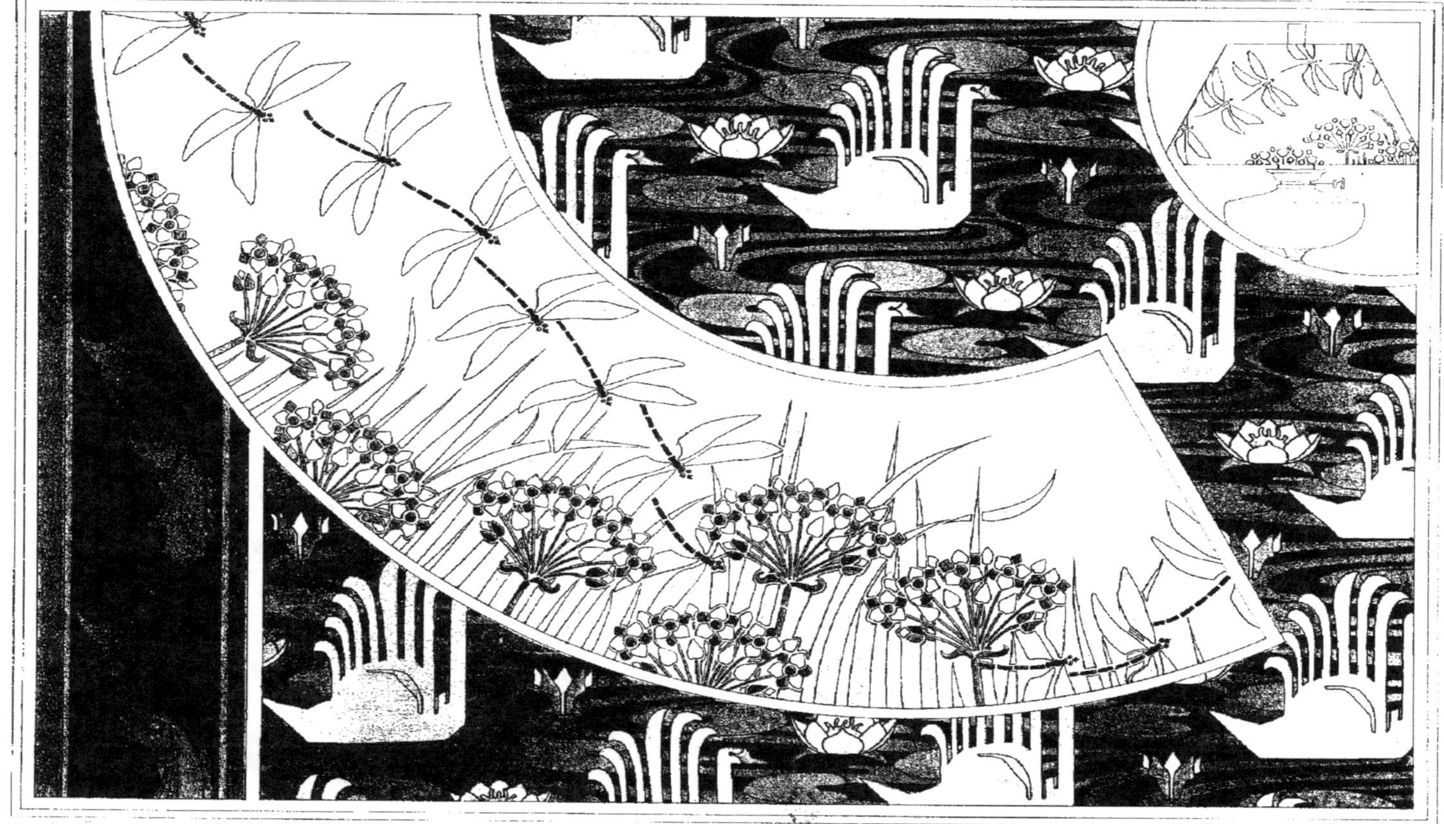

POISSONS, frise au pochoir.   LIBELLULES et BUTOME, abat-jour.   CYGNES et NÉNUPHARS, velours imprimé.

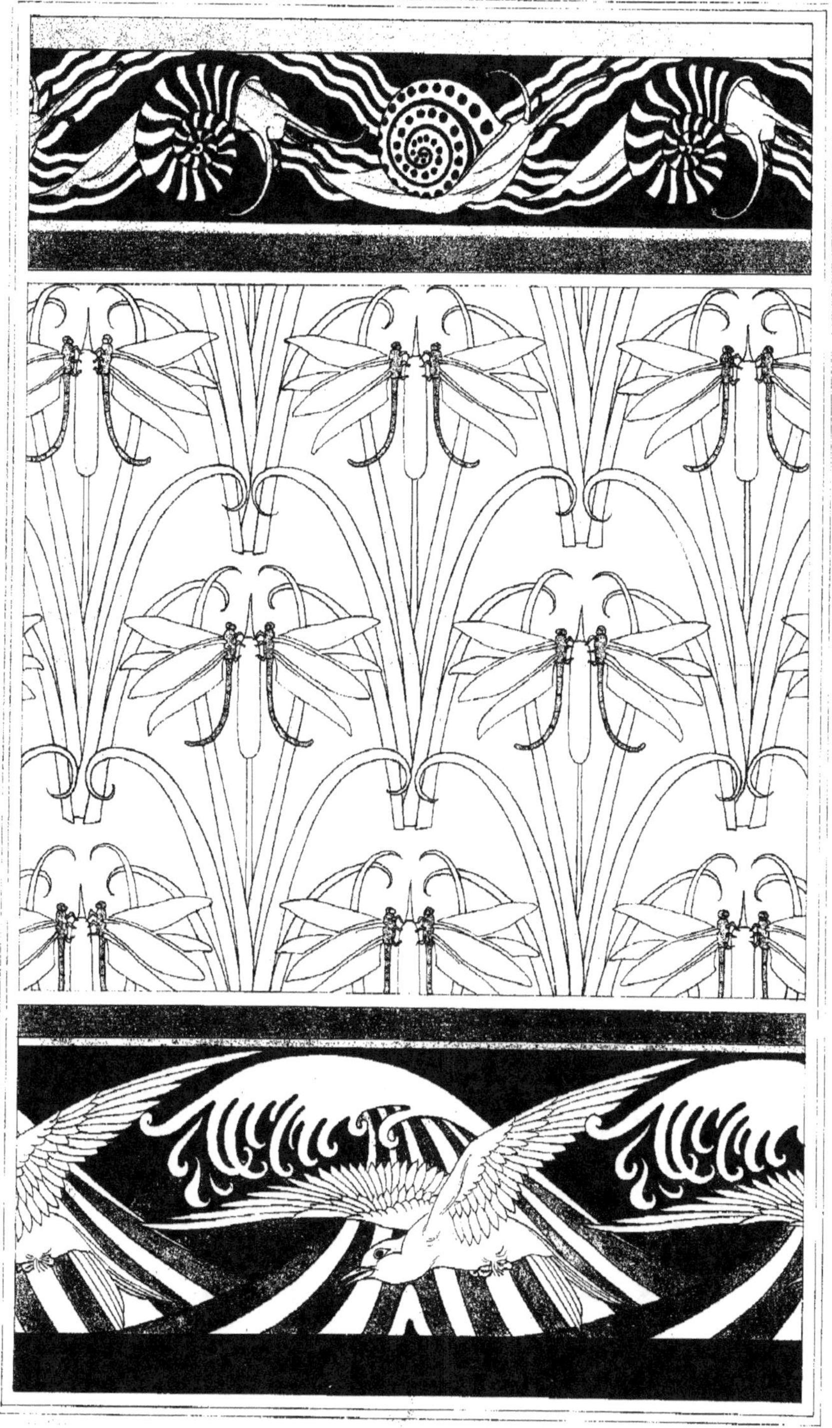

ESCARGOTS, BORDURE. LIBELLULES ET ROSEAUX (PANNEAU).

MOUETTE (FRISE).

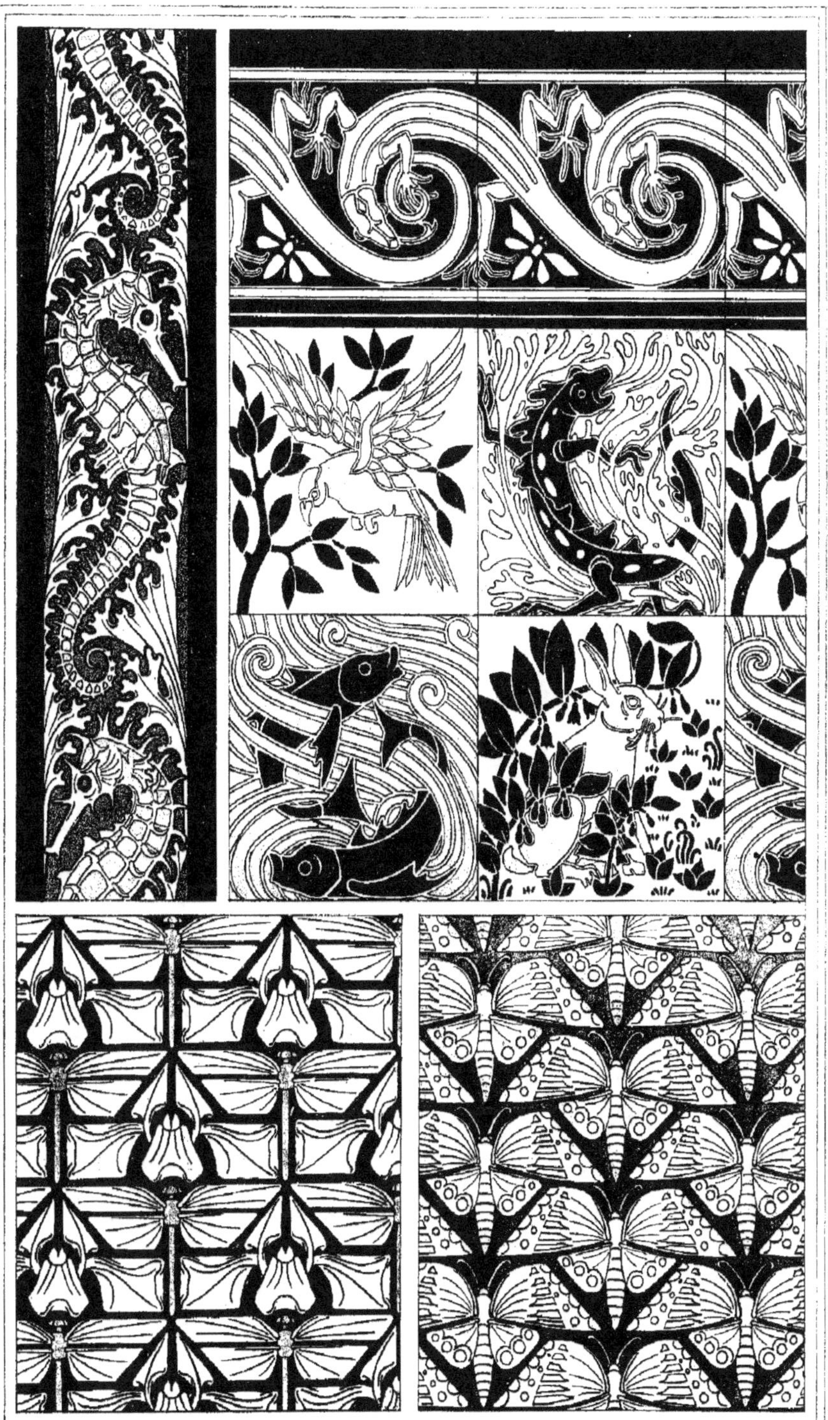

HIPPOCAMPES et ALGUES, bordure.   LES QUATRE ÉLÉMENTS, carreaux céramiques, et LÉZARDS, bordure.

IRIS et LIBELLULES. PAPILLONS, jeux de fond.

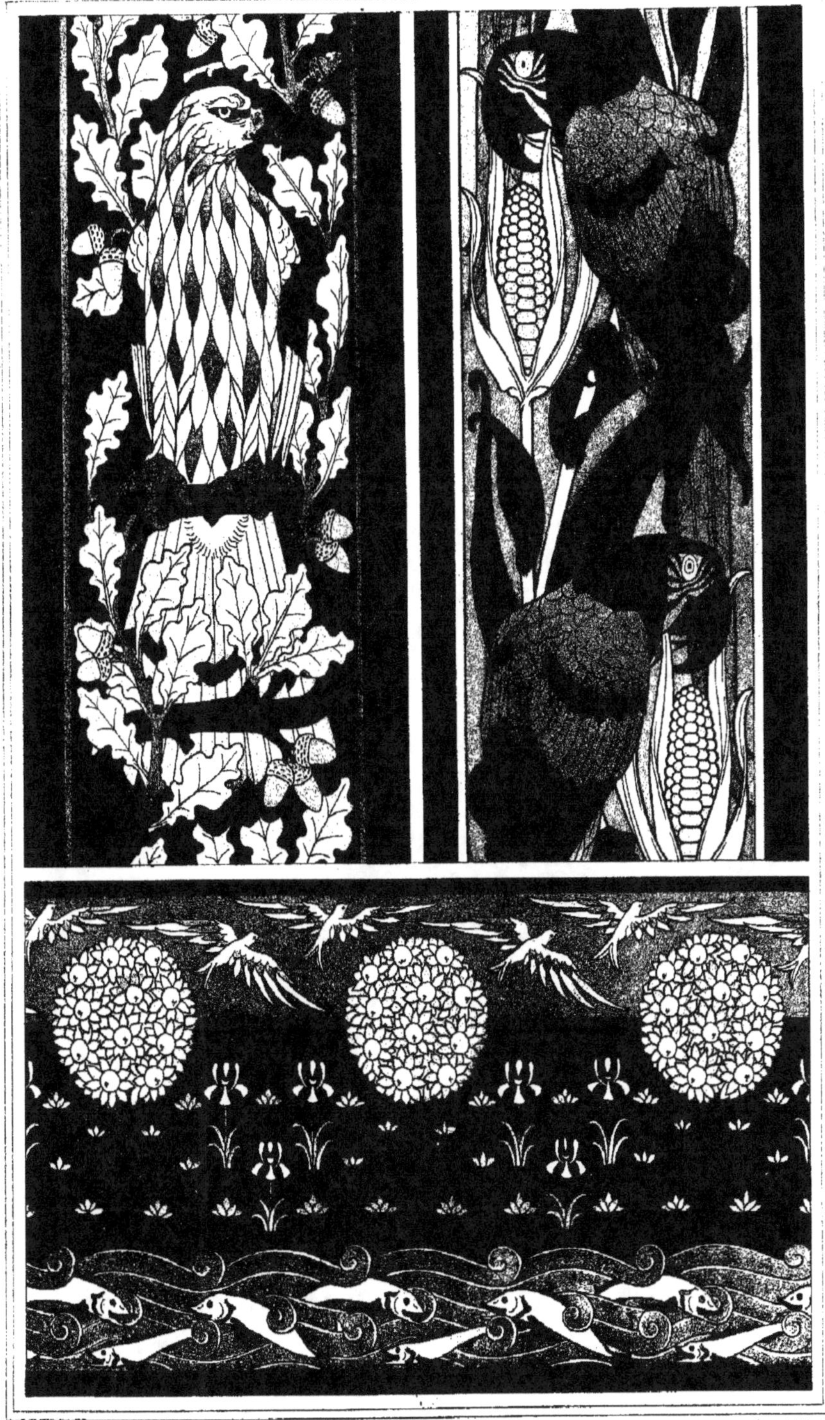

AIGLE ET CHÉNE.   ARAS ET MAÏS, BORDURES.   POISSONS ET OISEAUX, FRISE.

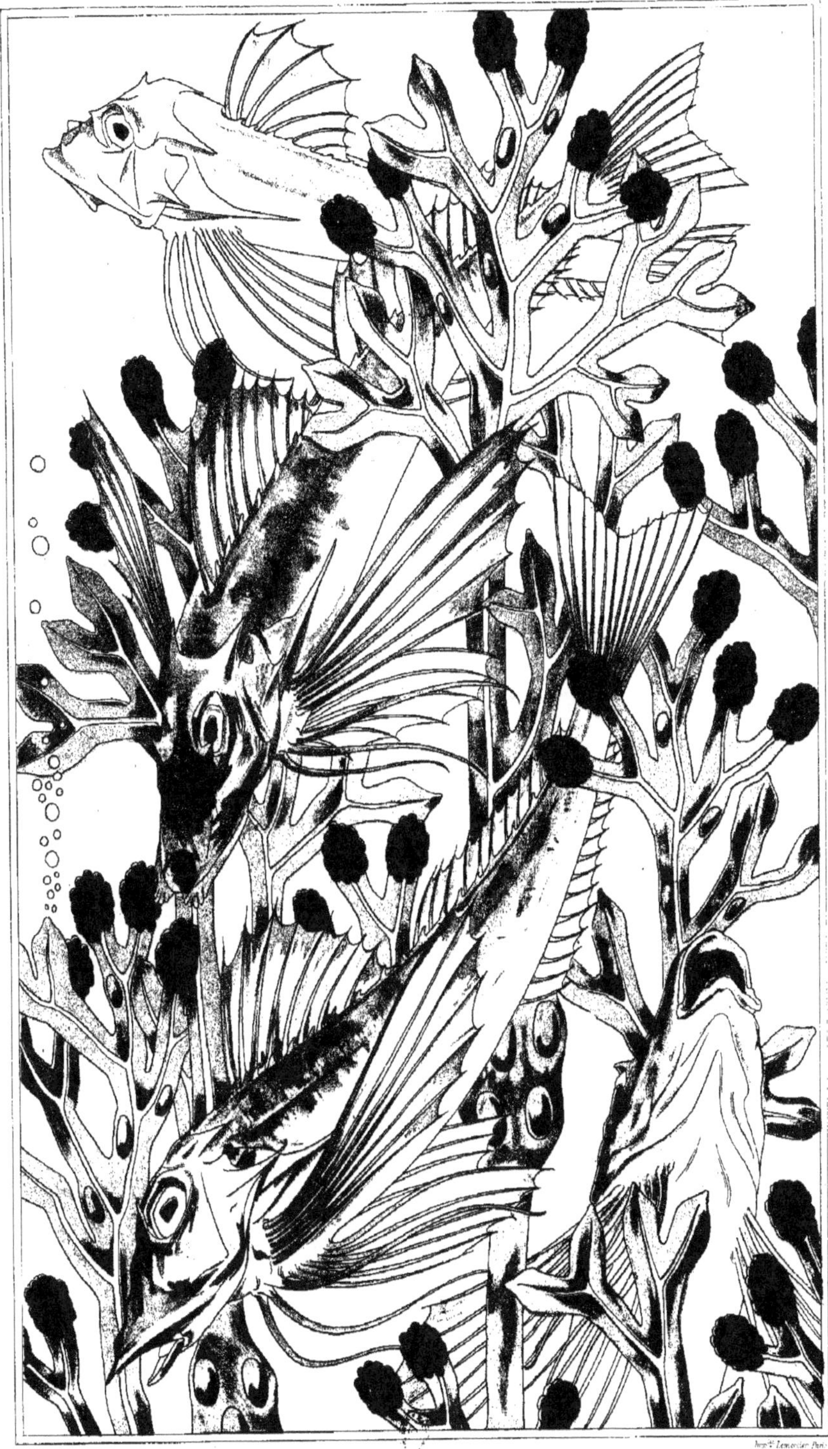

ROUGET.

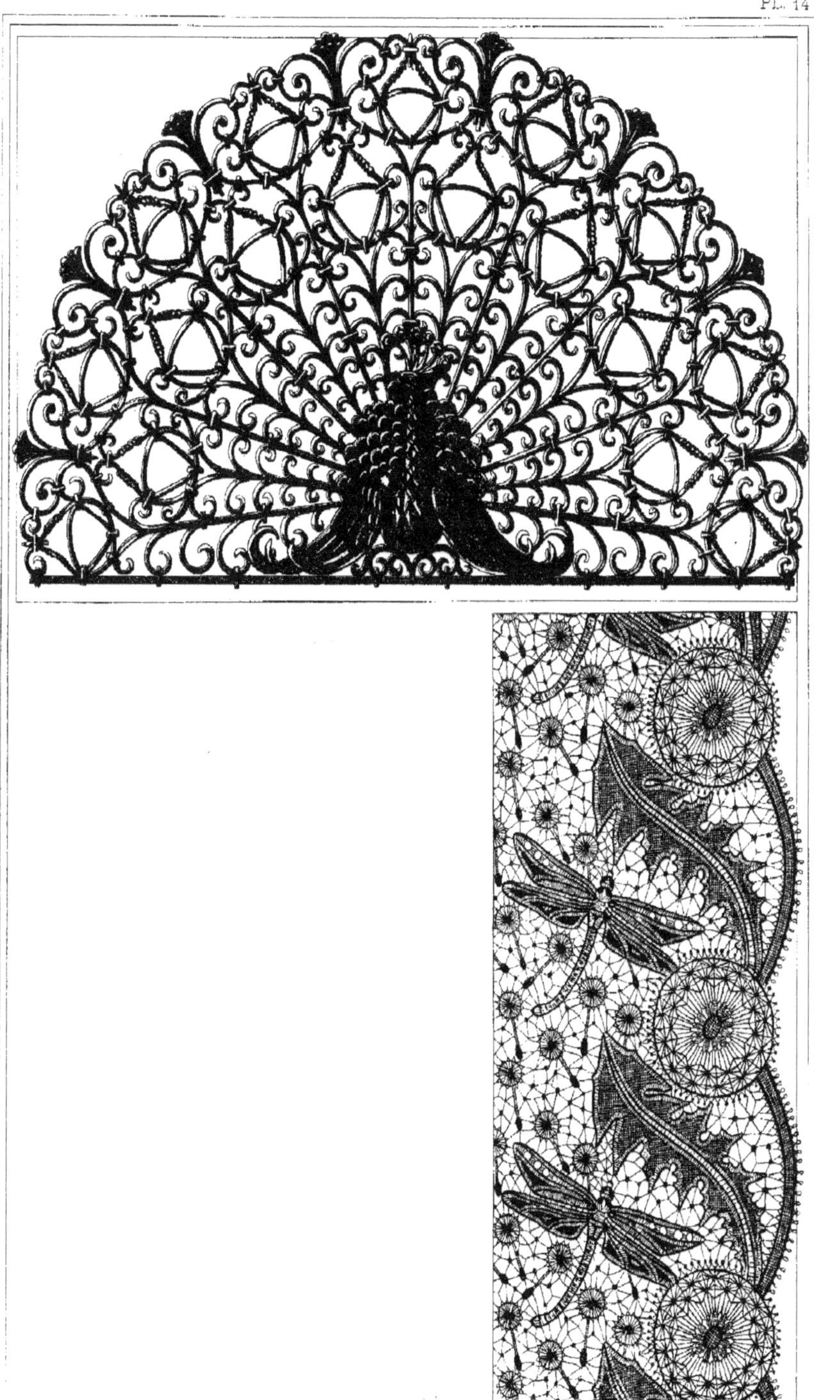

PAON (GRILLE EN FER).   CIGALES ET GROSEILLES (LINGE DAMASSÉ).

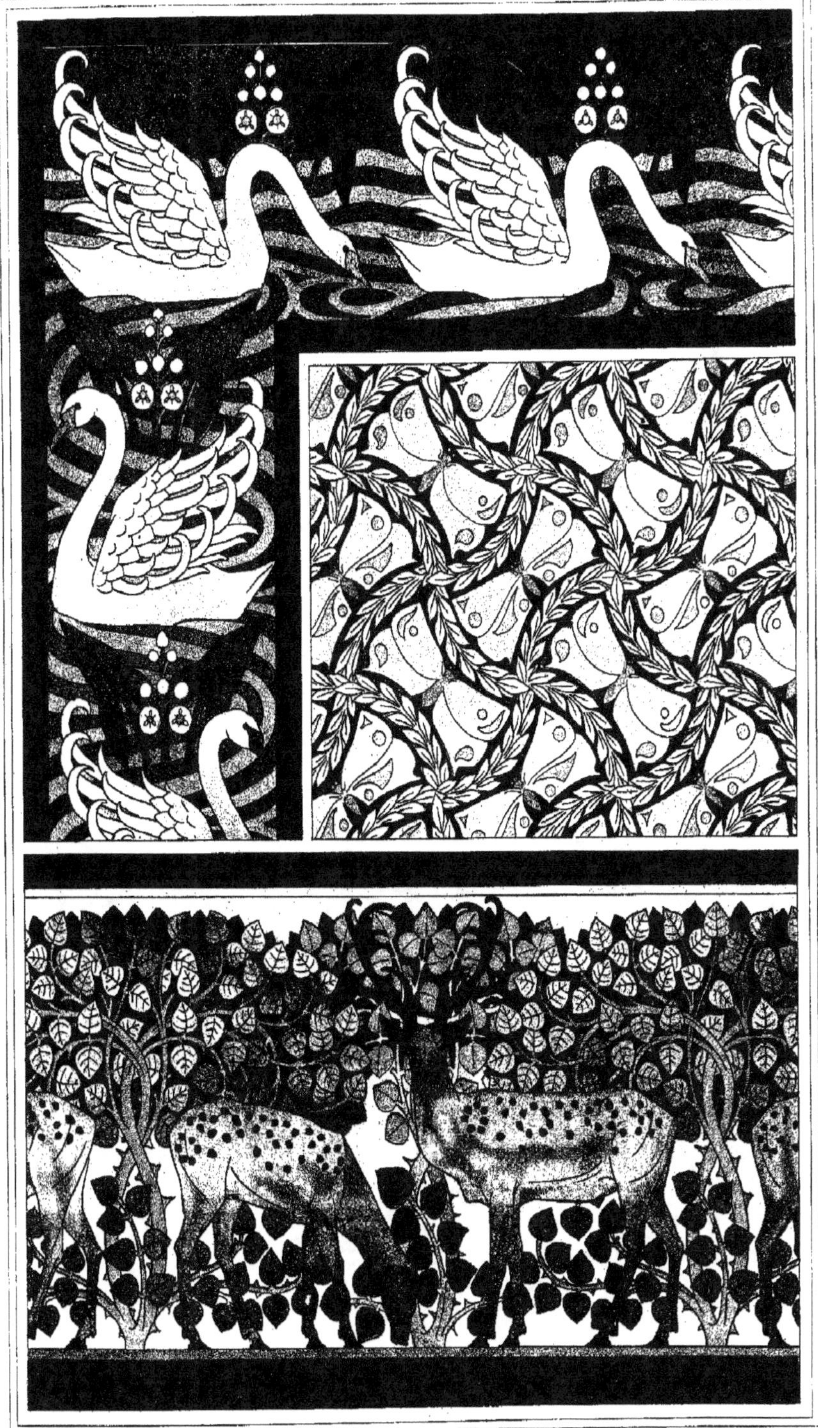

CYGNES ET SAGITTAIRE, BORDURE.

PAPILLONS ET FEUILLAGES, ÉTOFFE.

CERFS ET BICHES, FRISE.

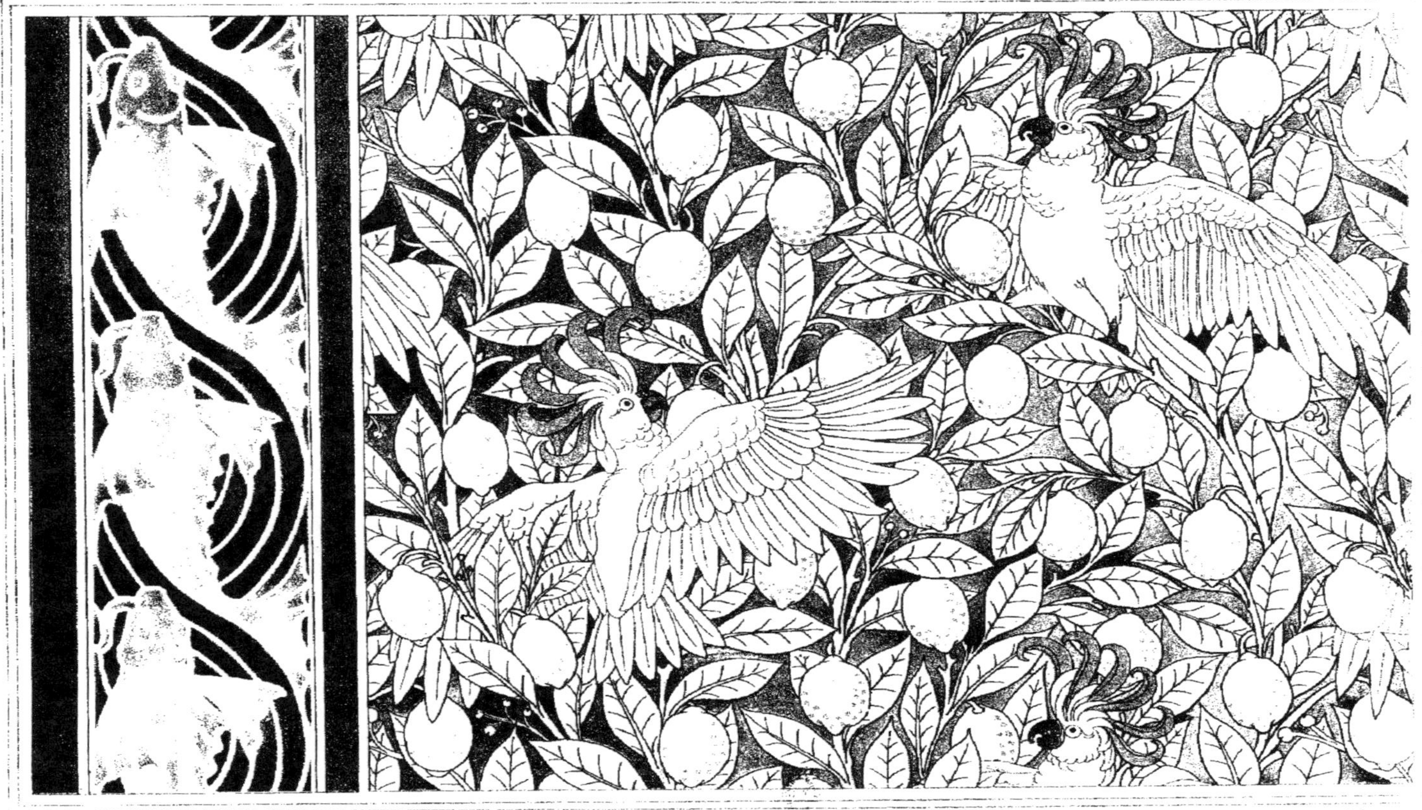

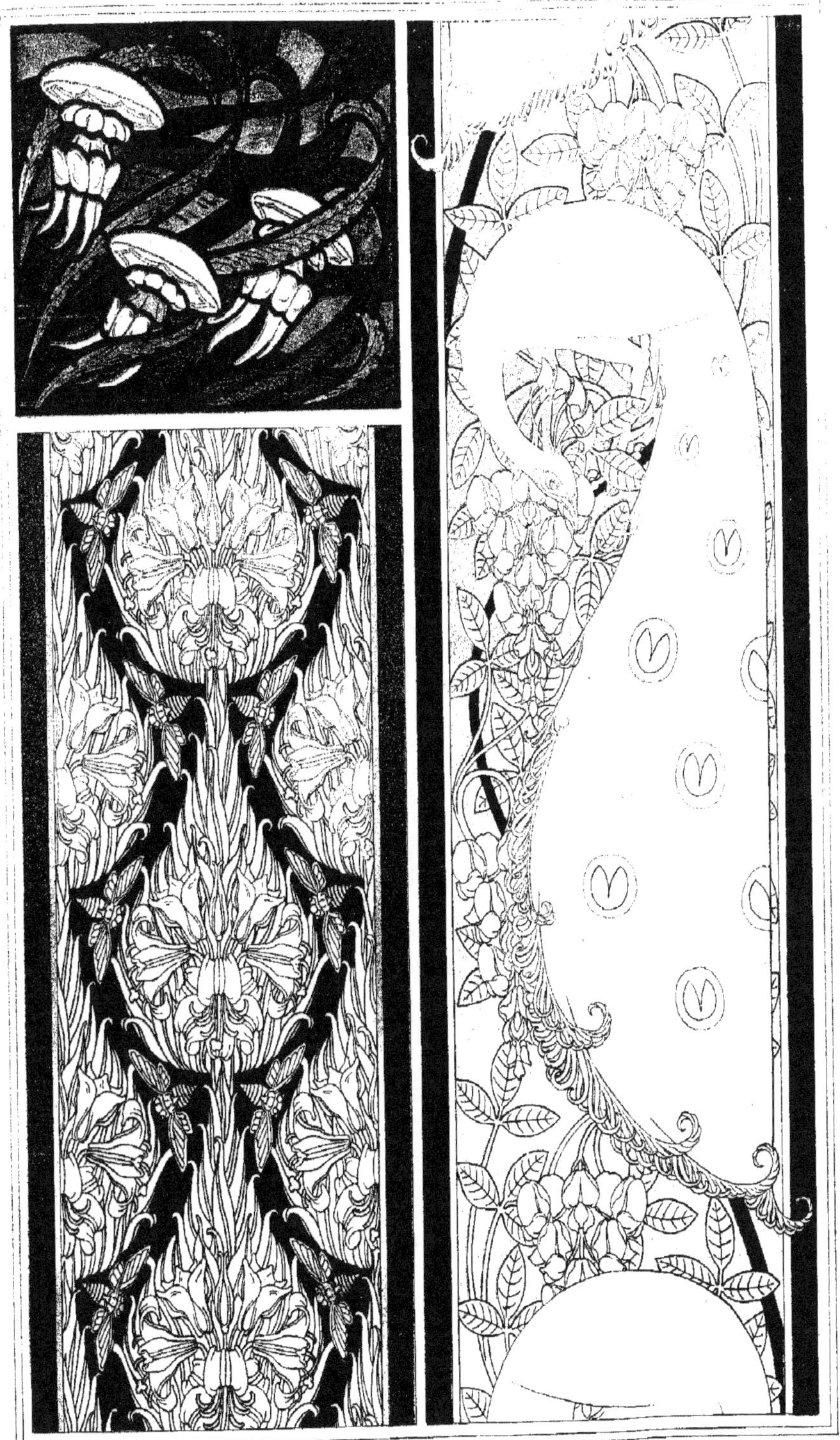

MÉDUSES ET ALGUES. VITRAIL.   CIGALES ET LIS, PAONS ET CYTISE. BORDURES.

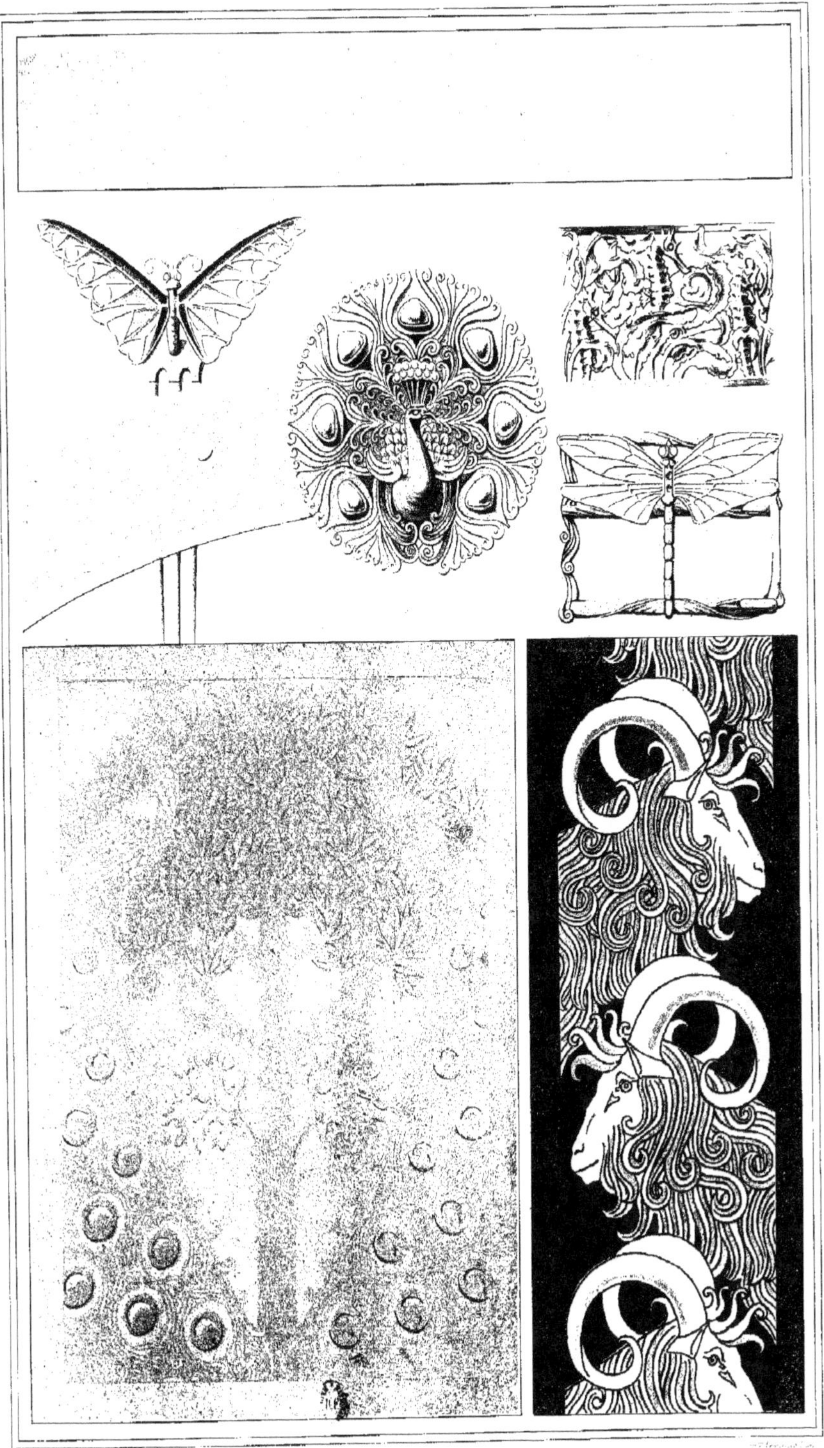

LIBELLULES. FER A DORER   PAPILLON, PAON, HIPPOCAMPES ET LIBELLULE. BIJOUX

PAONS. FER A DORER   CHÈVRES. BIJOUX

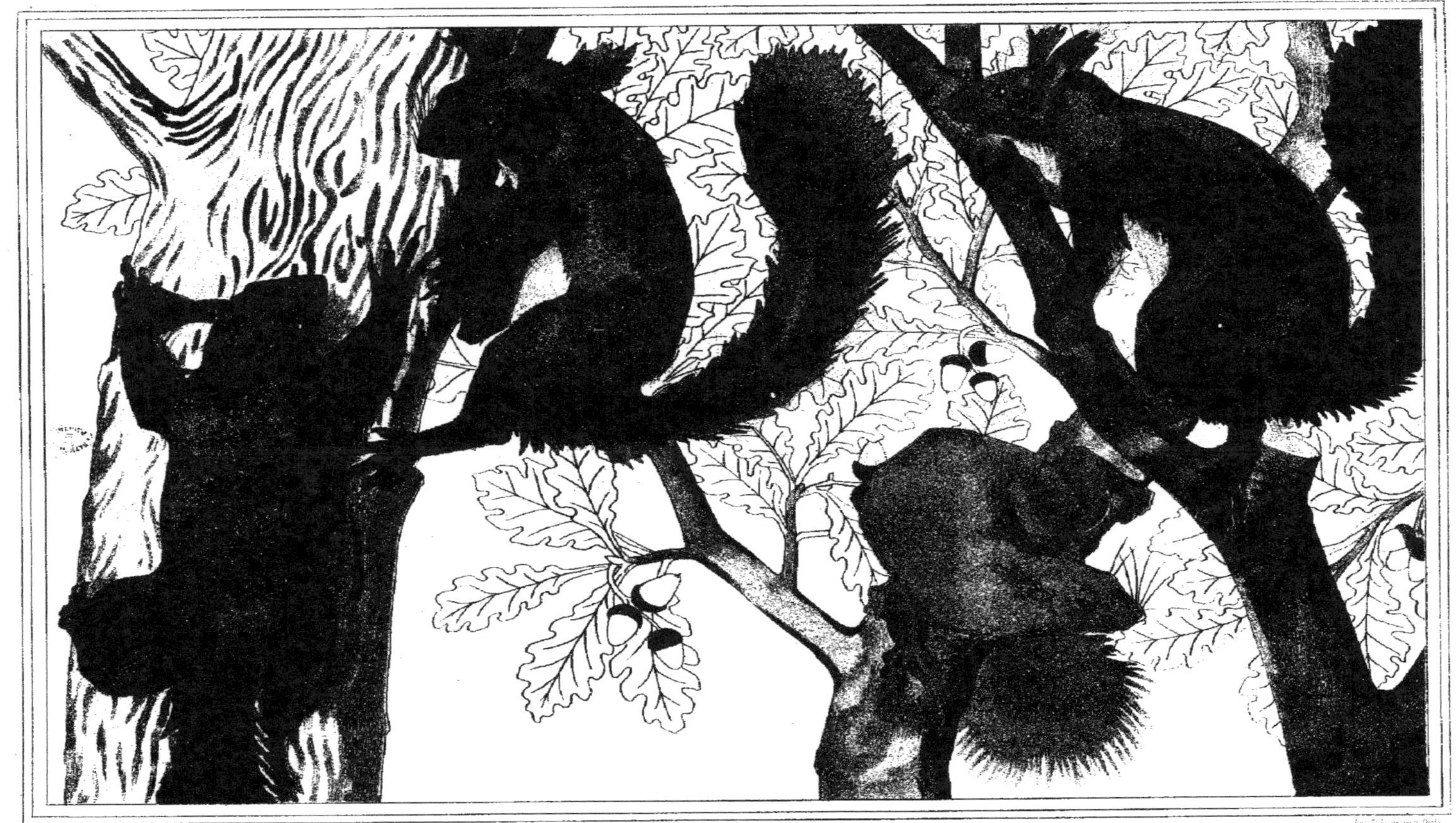

ÉCUREUILS

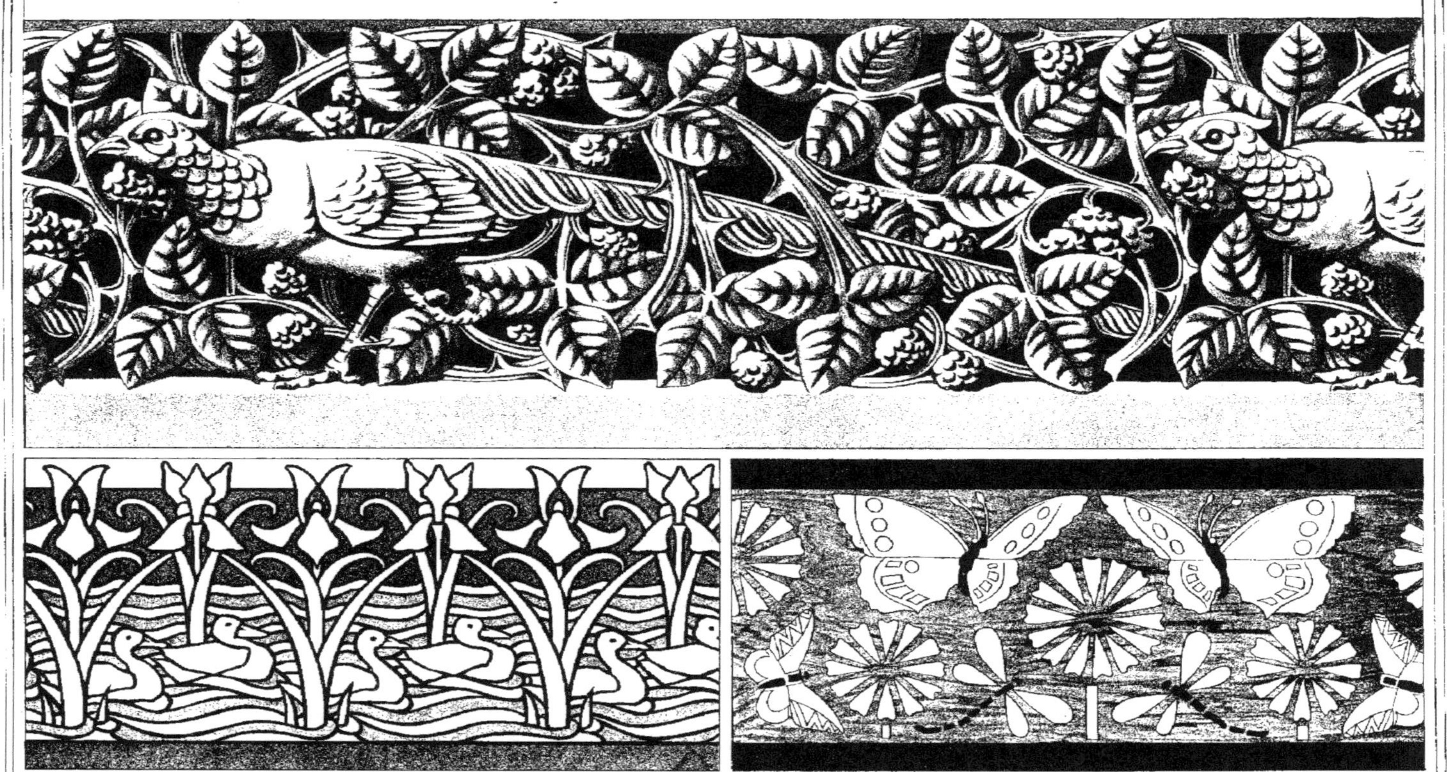

FAISAN ET RONCES, BOIS SCULPTÉ A JOUR.

CANARDS ET IRIS, POCHOIR.

PAPILLONS ET LIBELLULES, MARQUETERIE.

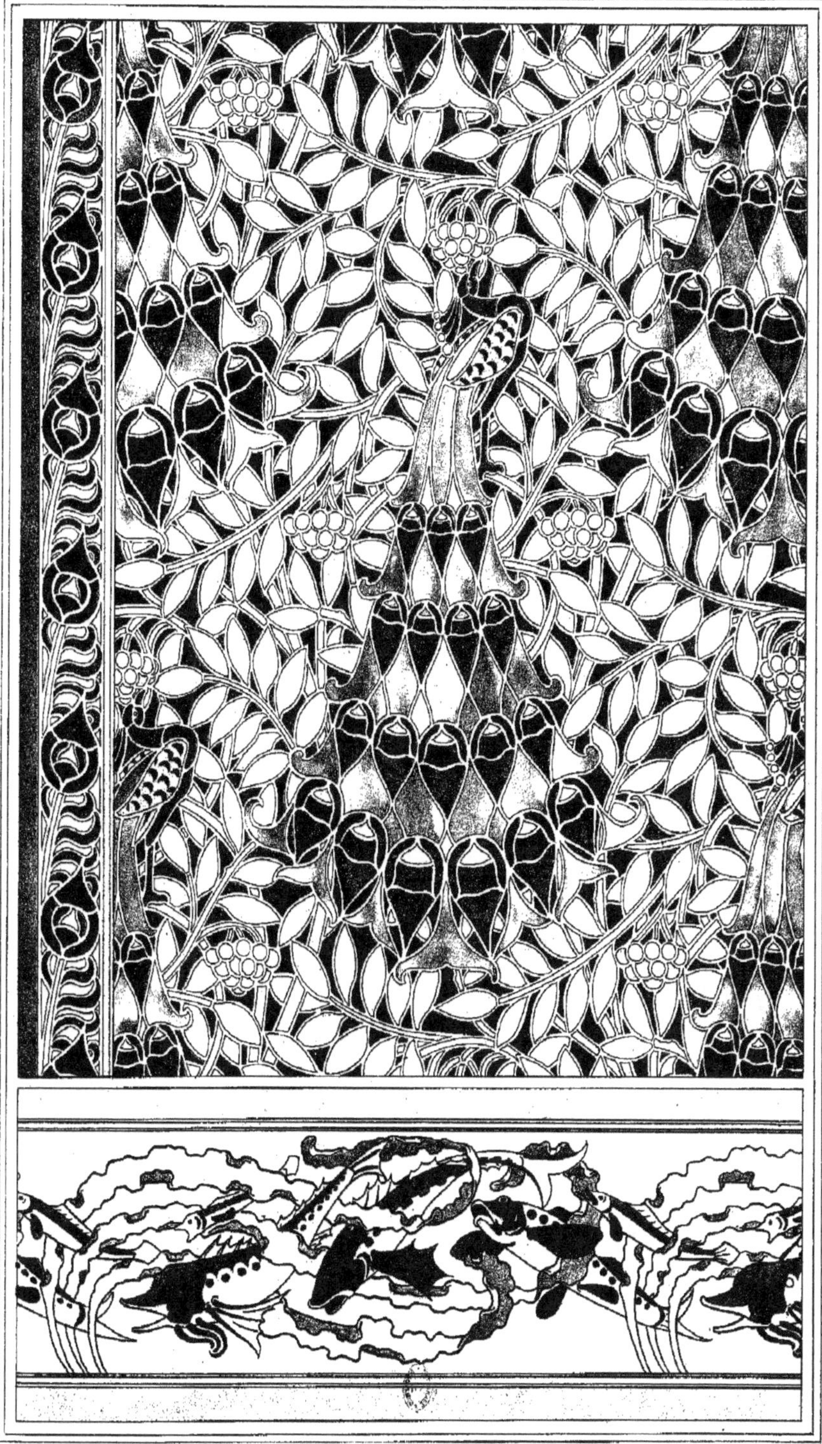

PAONS DANS LES SORBIERS, POCHOIR

POISSONS ET ALGUES, BORDURE

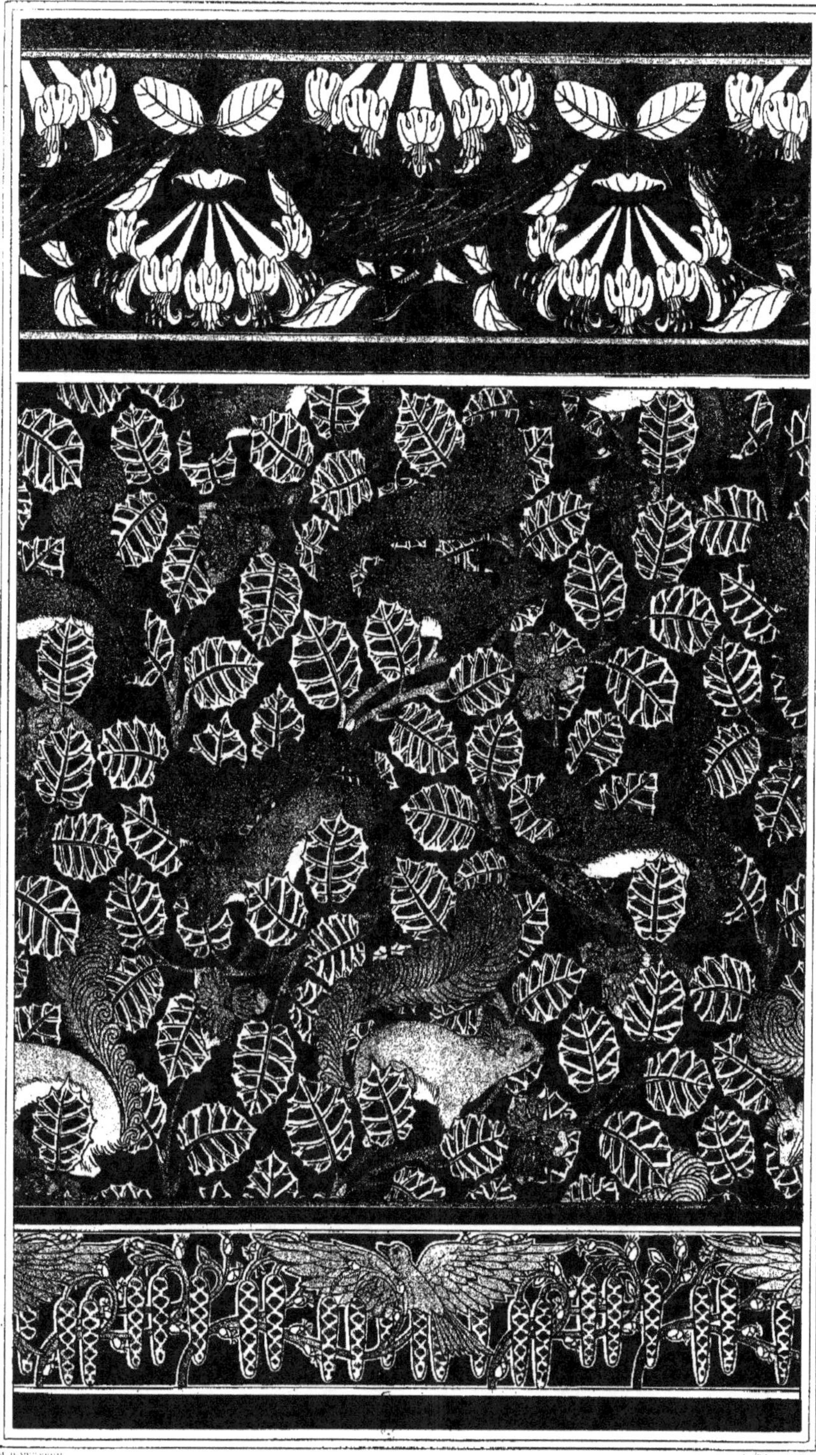

MARTINETS ET CHÈVREFEUILLE, BORDURE.   ÉCUREUILS ET NOISETIER, PAPIER PEINT.

OISEAUX ET NOISETIER EN FLEUR, BORDURE.

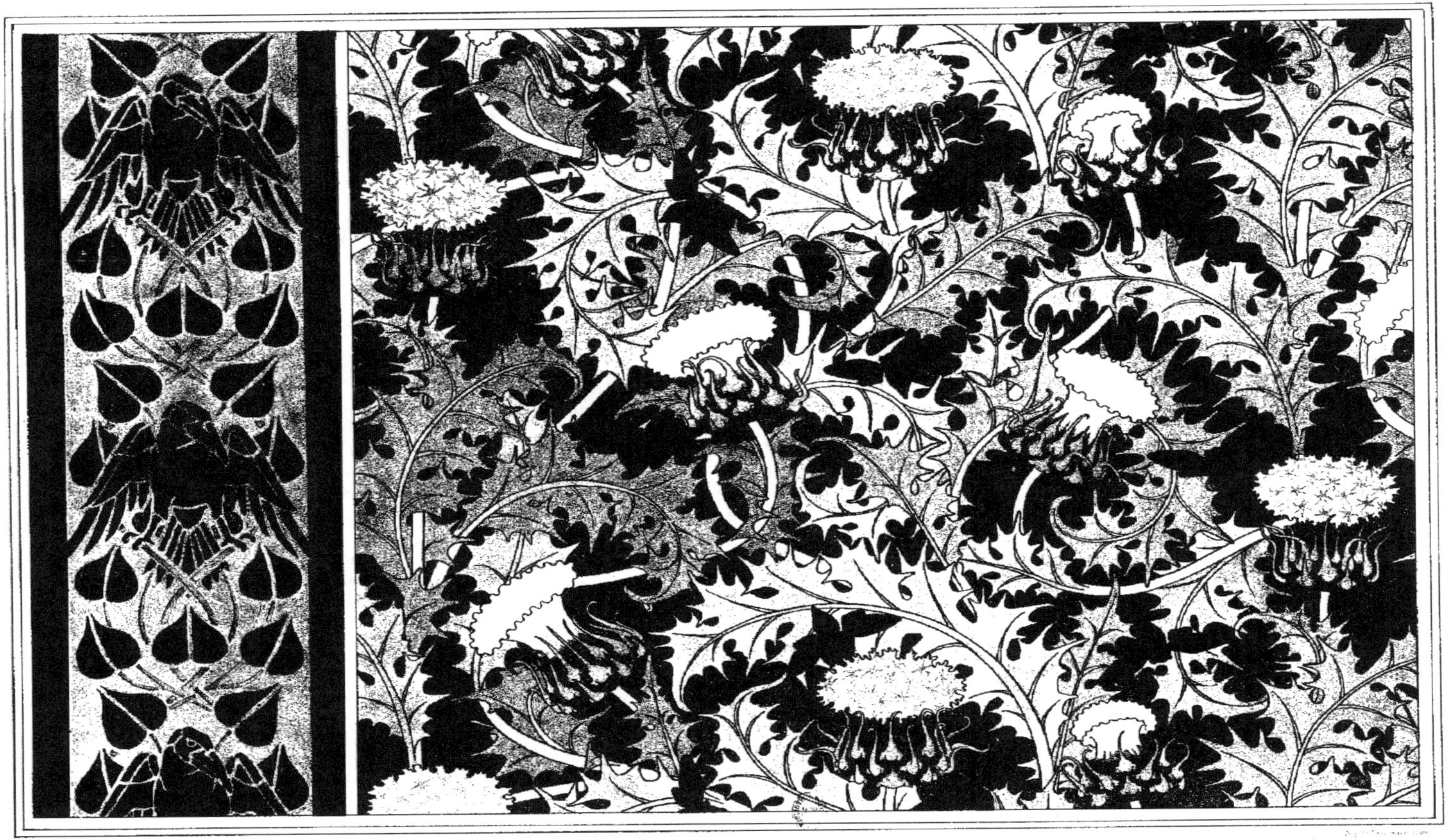

L'ANIMAL DANS LA DÉCORATION

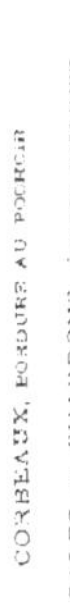

CORBEAUX, BORDURE AU POIRIER

CIGALES et CHARDONS, ÉTOFFE IMPRIMÉE

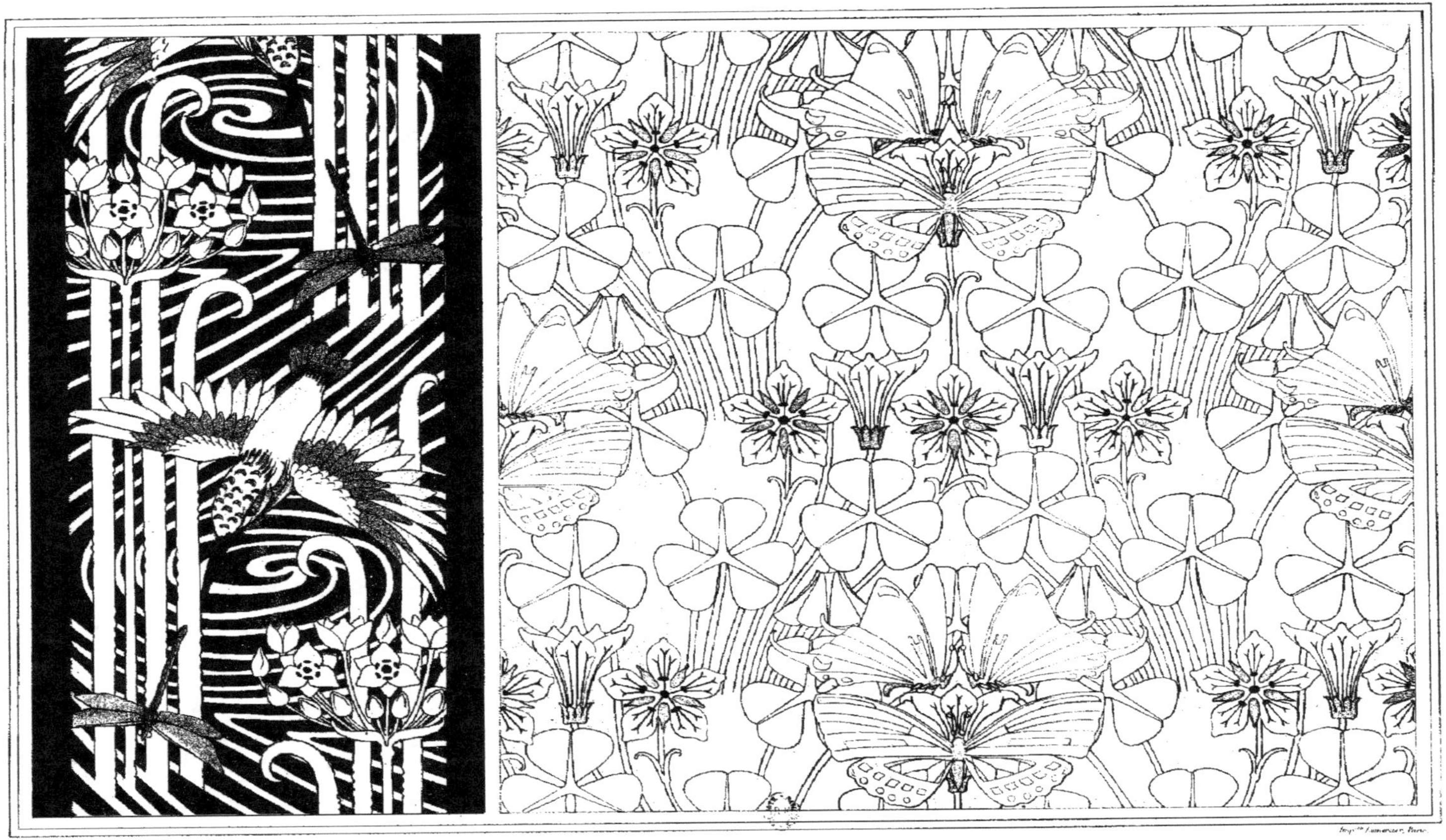

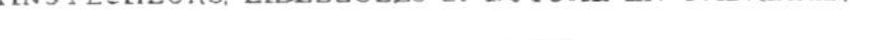

MARTINS-PÊCHEURS, LIBELLULES et BUTOME EN OMBRELLE, BORDURES

PAPILLONS et OXALIDE, ÉTOFFE

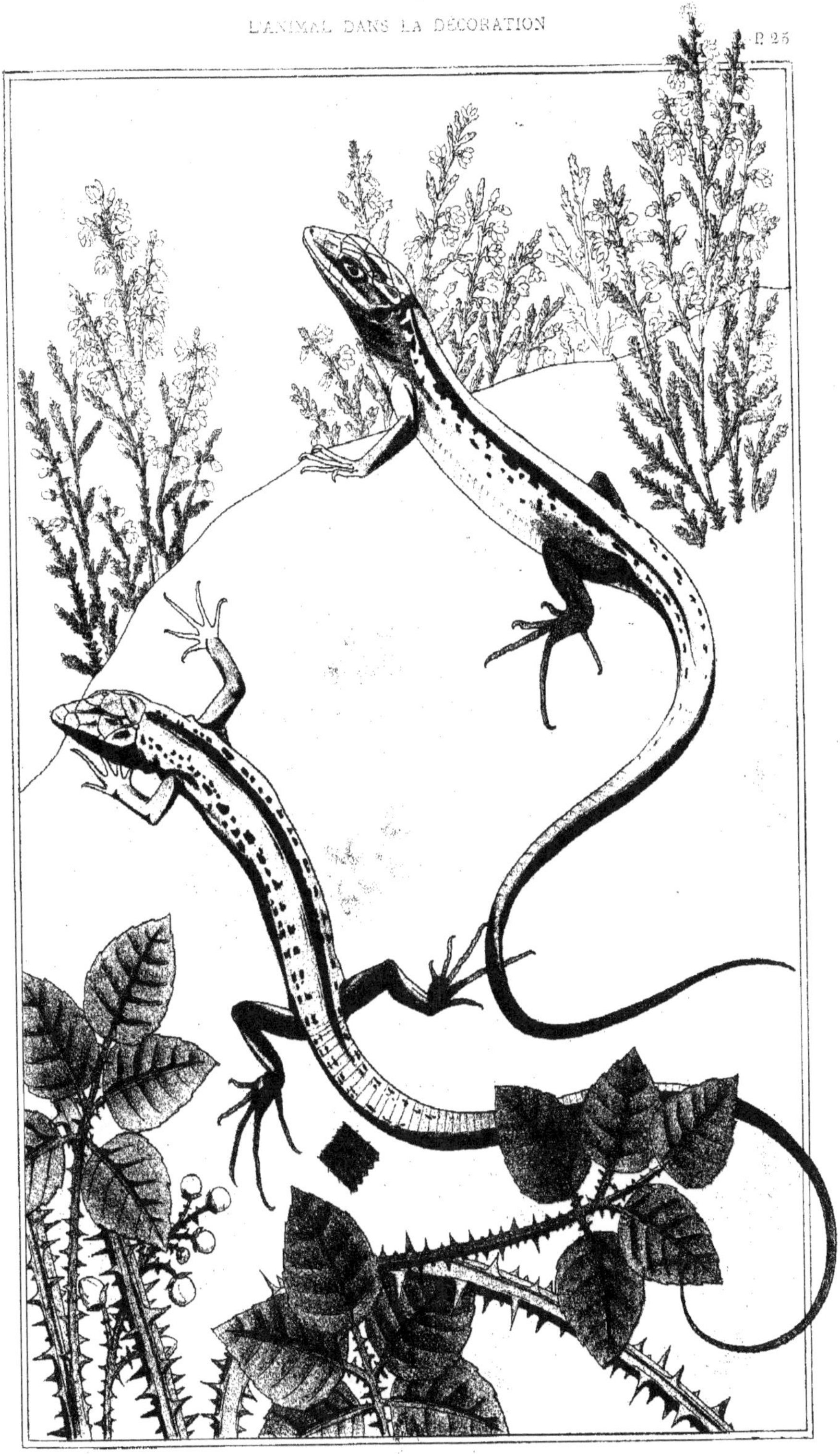

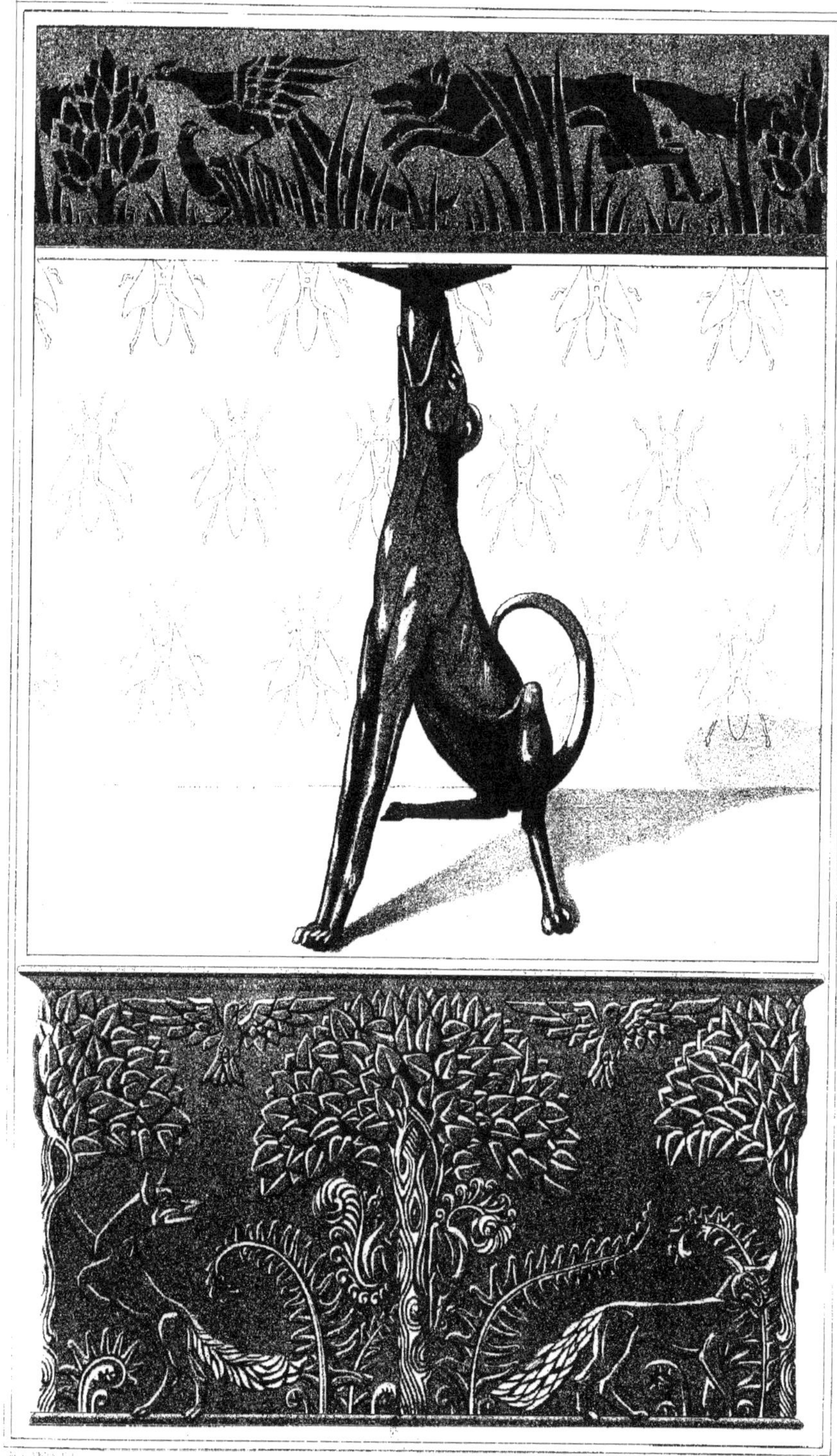

FAISANS et RENARD, Frise cuivre découpé.

CHIEN, Chandelier.   ABEILLES, Semis.

RENARDS, ÉCUREUILS et OISEAUX, Jardinière cuivre repoussé.

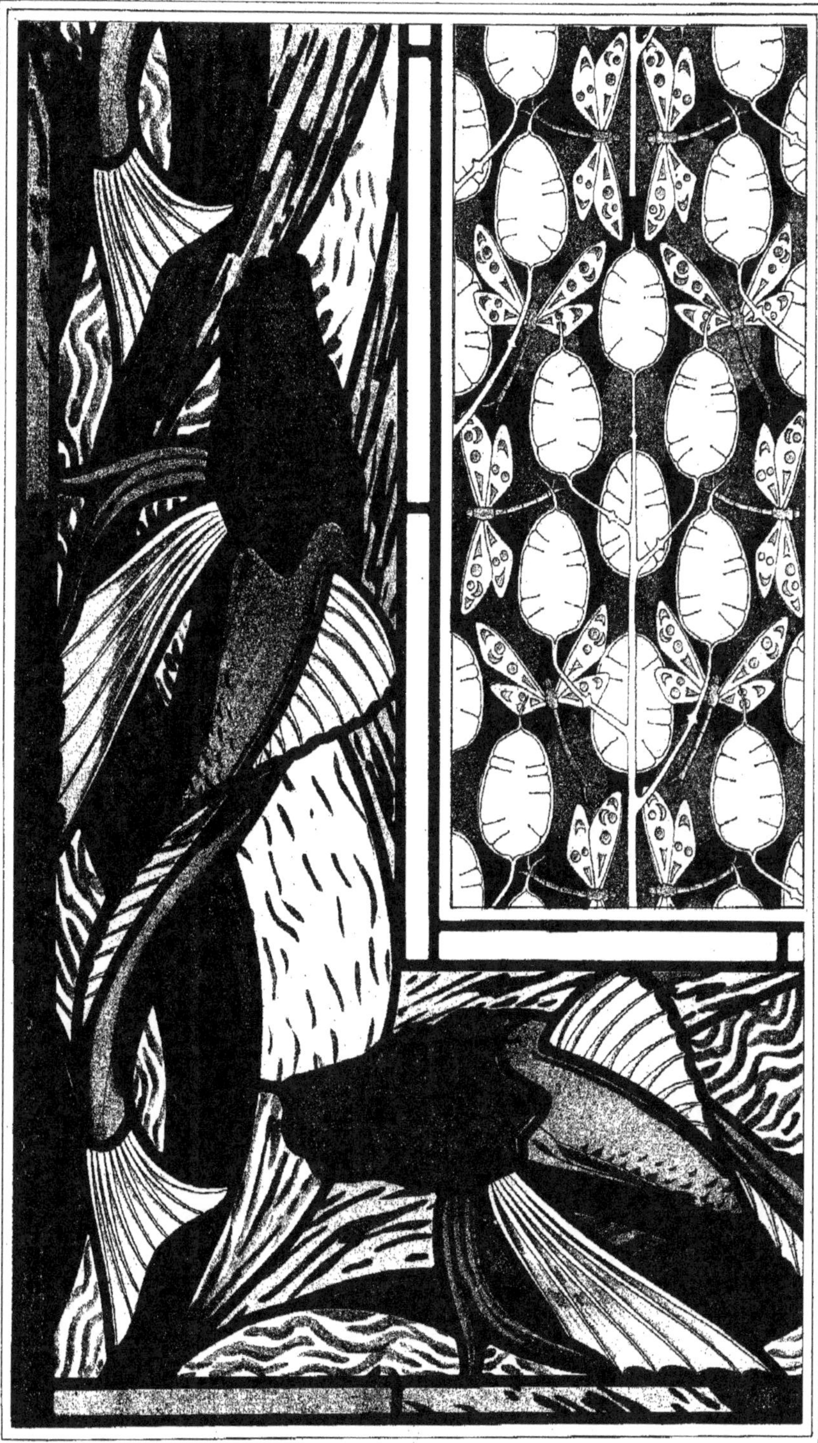

ROUGETS, VITRAIL. LIBELLULES ET MONNAIE DU PAPE, ÉTOFFE.

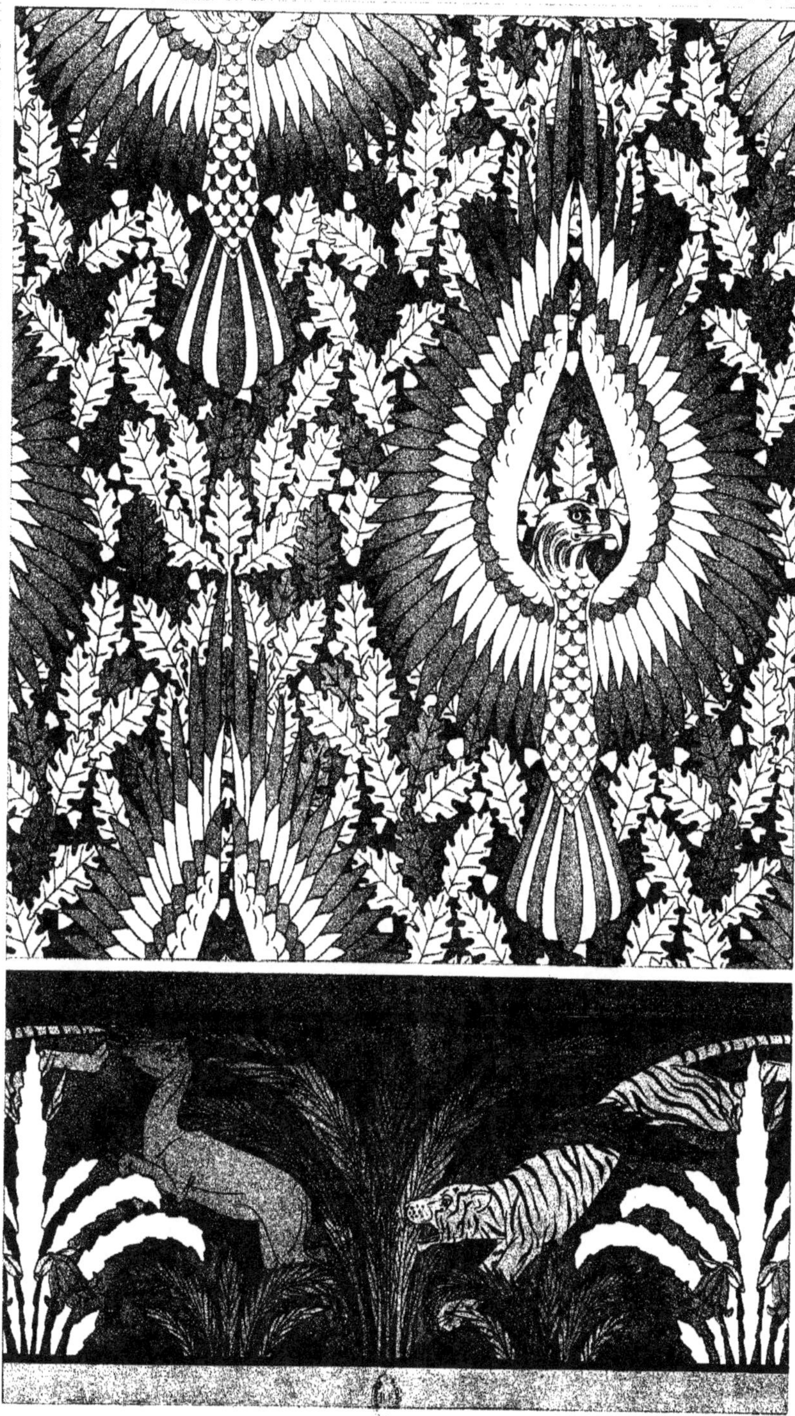

AIGLES et CHÊNE, Papier peint.   ANTILOPES, TIGRES, CACTUS et PALMIER, Broderie.

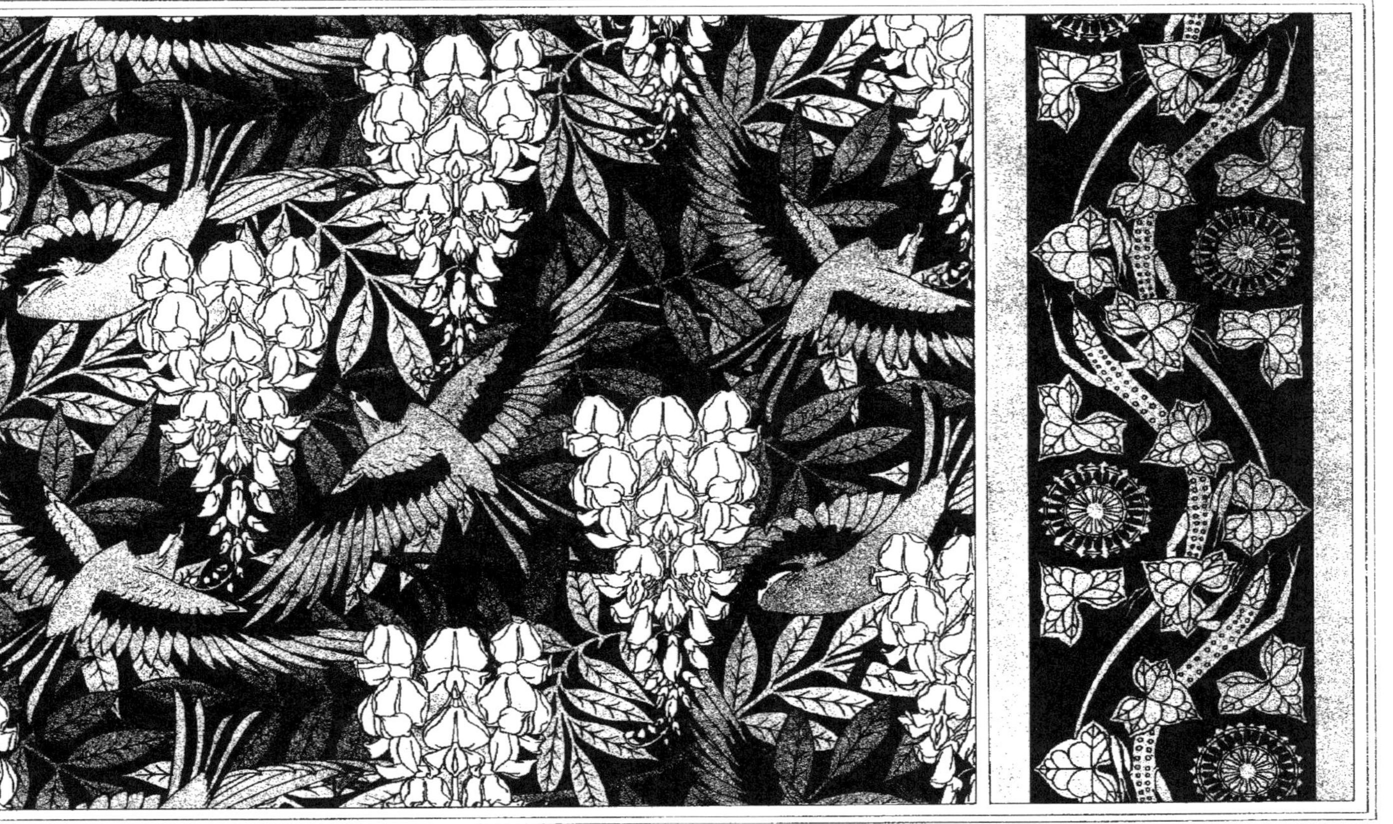

OISEAUX et GLYCINES, Tenture.

LÉZARDS et LIERRE, Bordure.

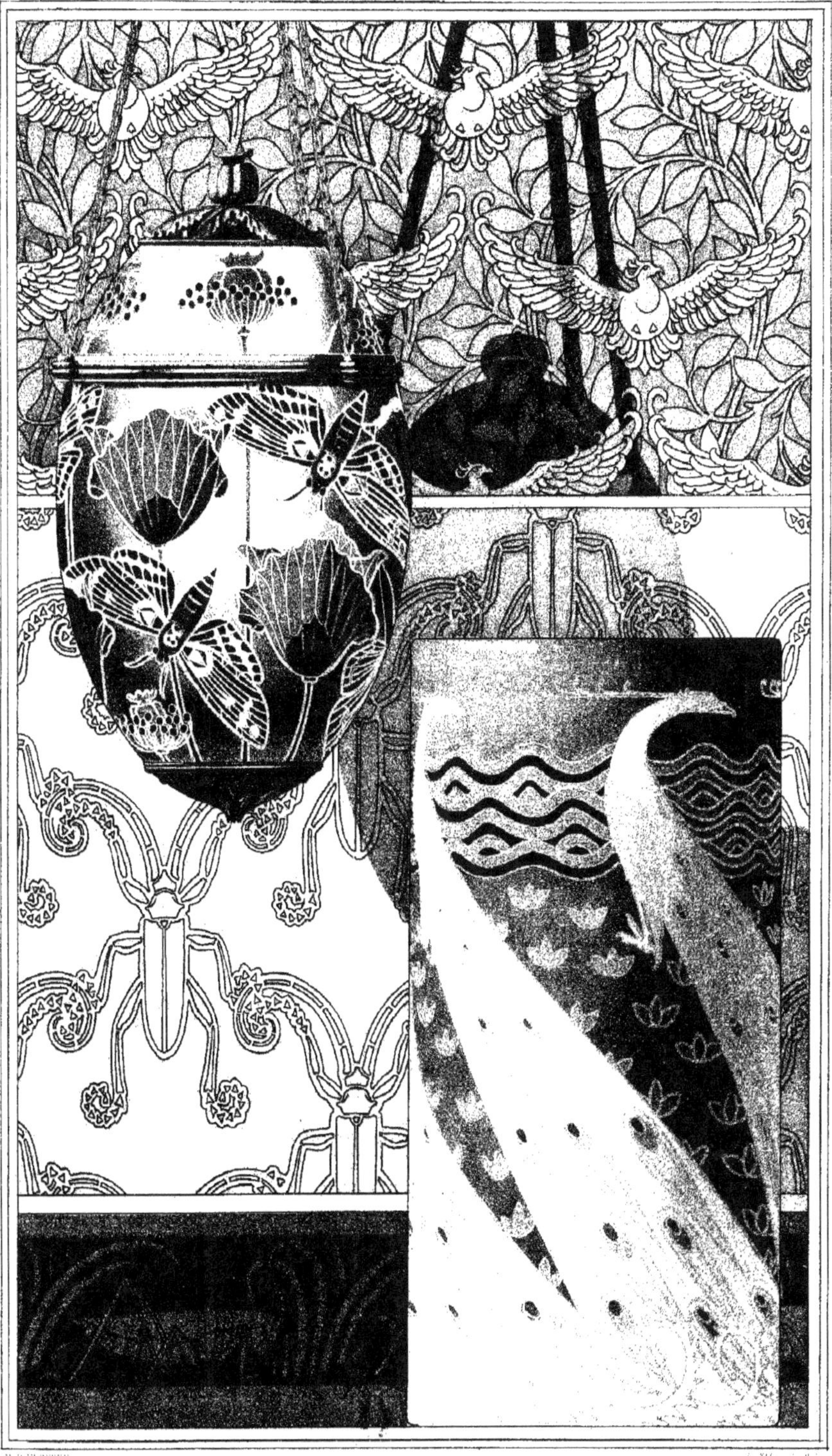

PAPILLONS ET PAVOTS, Veilleuse Émaux translucides.　　PAONS, Vase Émaux cloisonnés.

OISEAUX, Tenture.　　CAPRICORNES, Jeu de fond.　　SAUTERELLES, Bordure.

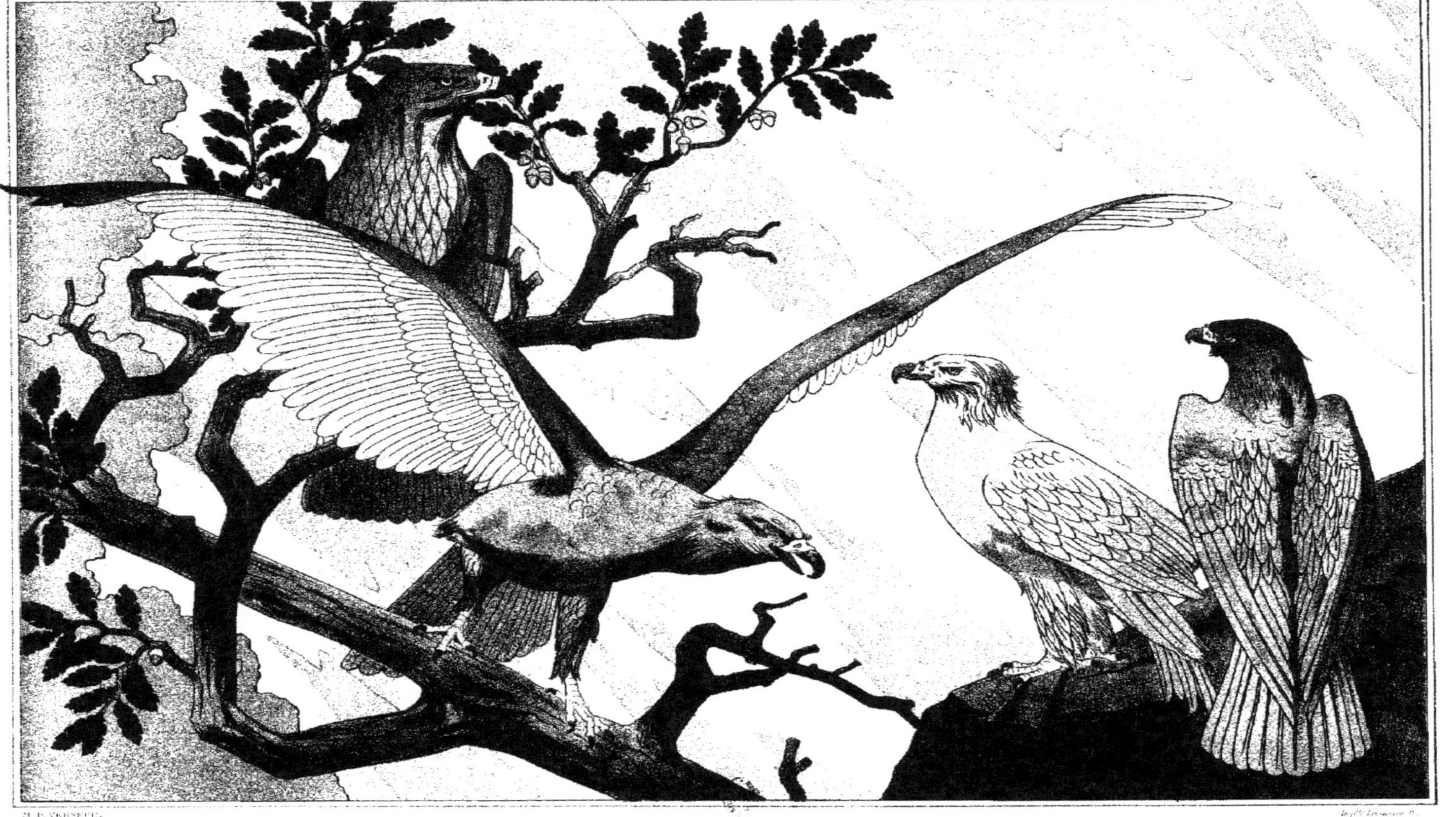

AIGLES

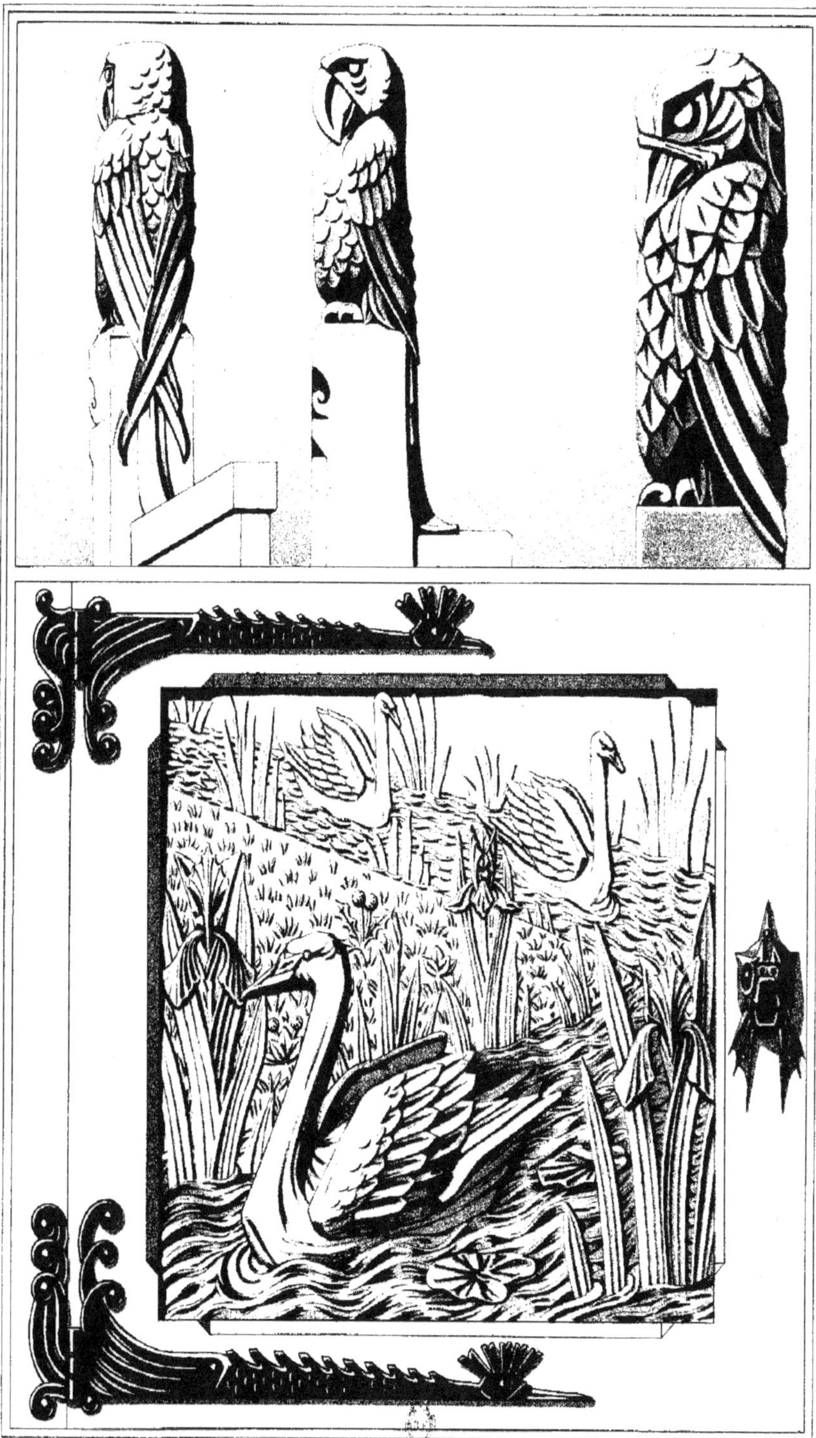

PERROQUETS, AIGLE. BOIS SCULPTÉ.   CYGNES ET IRIS, PORTE EN BOIS SCULPTÉ.

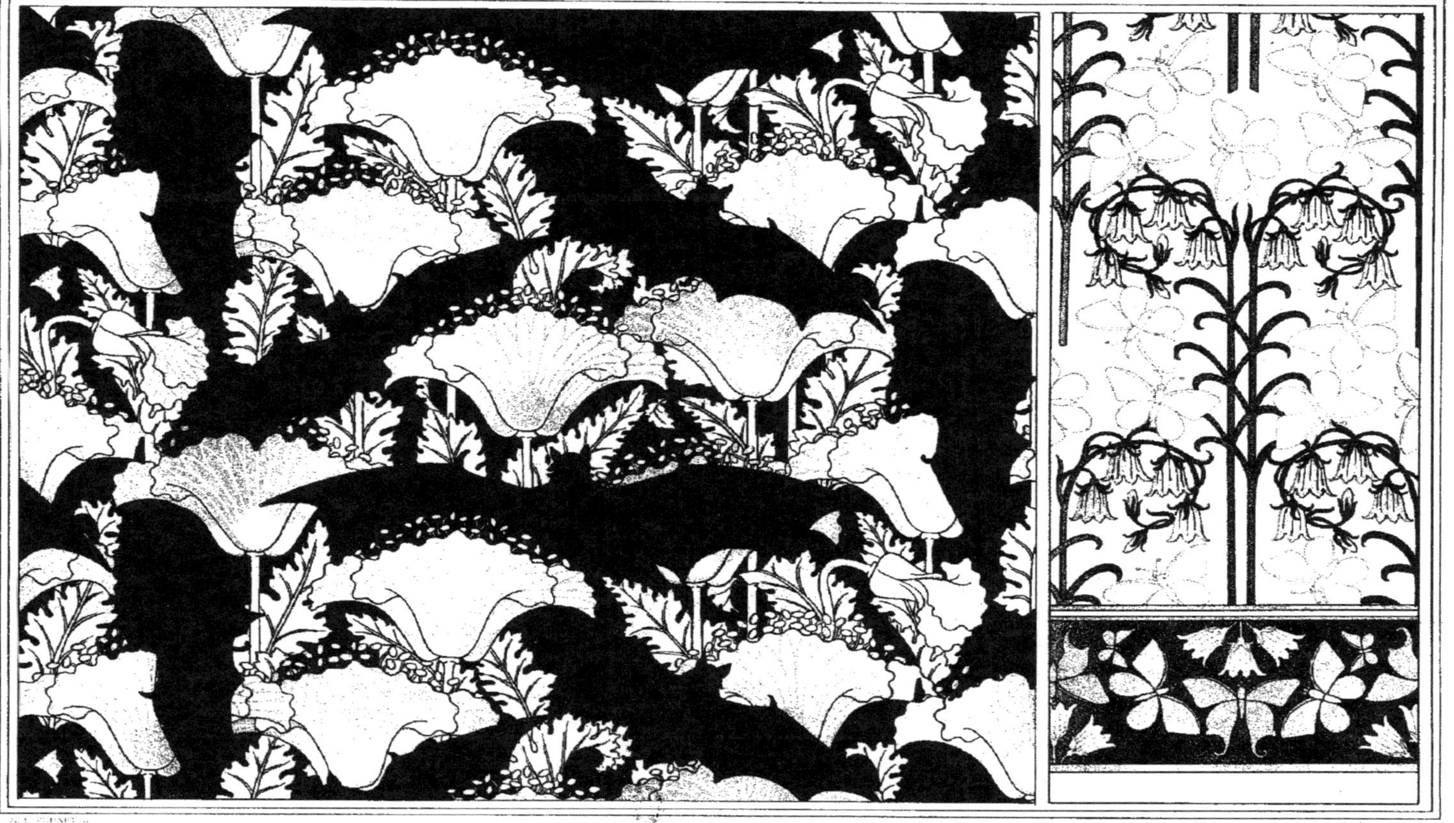

CHAUVES-SOURIS et PAVOTS. Tenture.

PAPILLONS et CAMPANULES, Papier peint

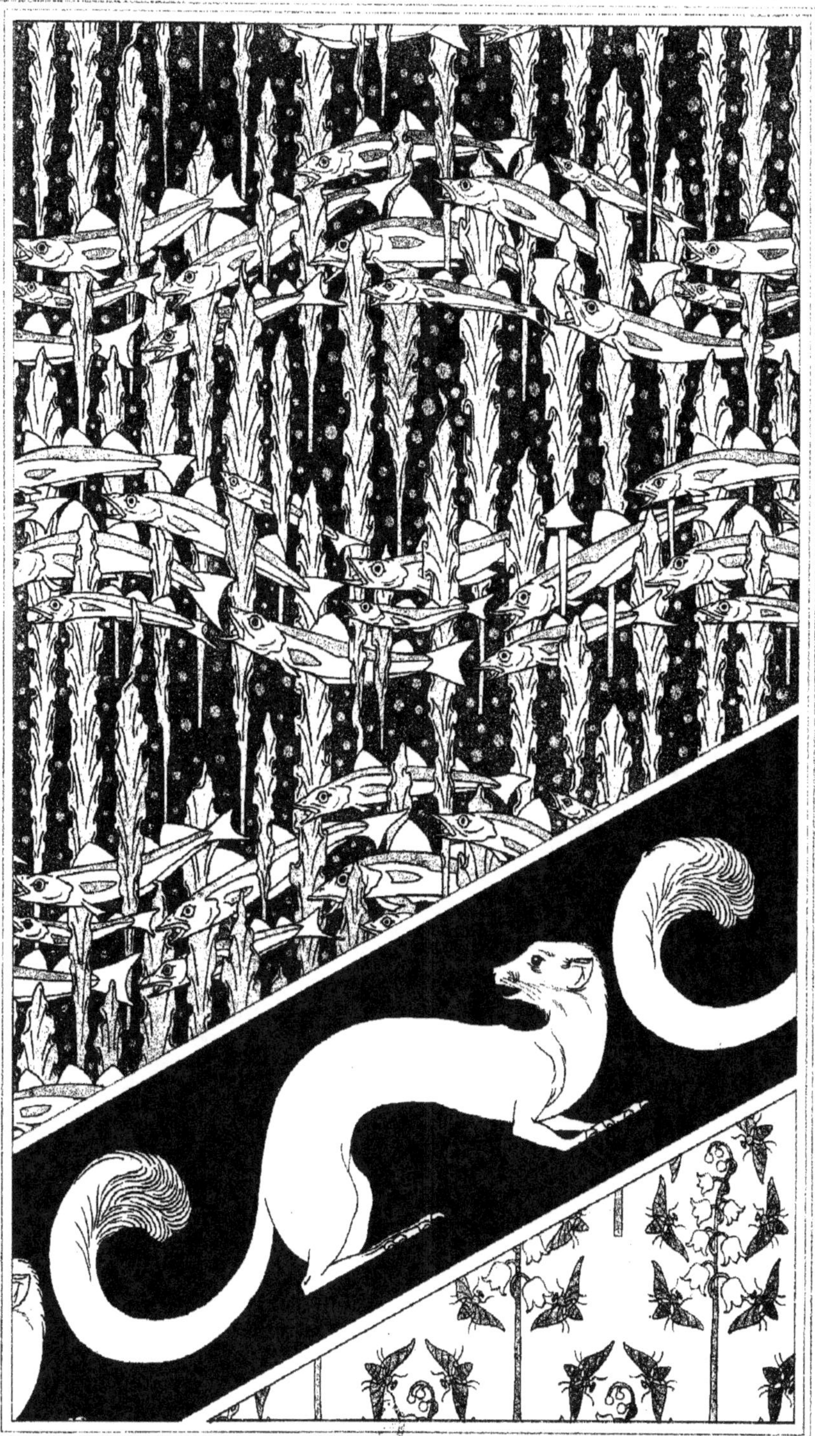

MERLANS ET ALGUES, Papier peint.

MOUCHES ET MUGUET, Étoffe de soie

HERMINE VULGAIRE, Bordure.

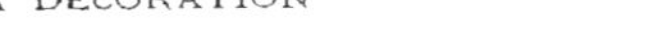
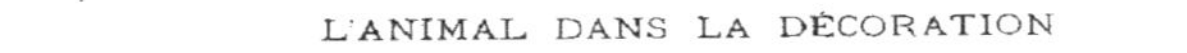
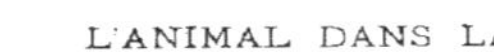

LIBELLULES, BUTOME en OMBELLE, NÉNUPHARS, Panneau.   OISEAUX-MOUCHES et ORCHIDÉES, Étoffe.   OISEAUX-MOUCHES et CAPILLAIRES, Bordure.

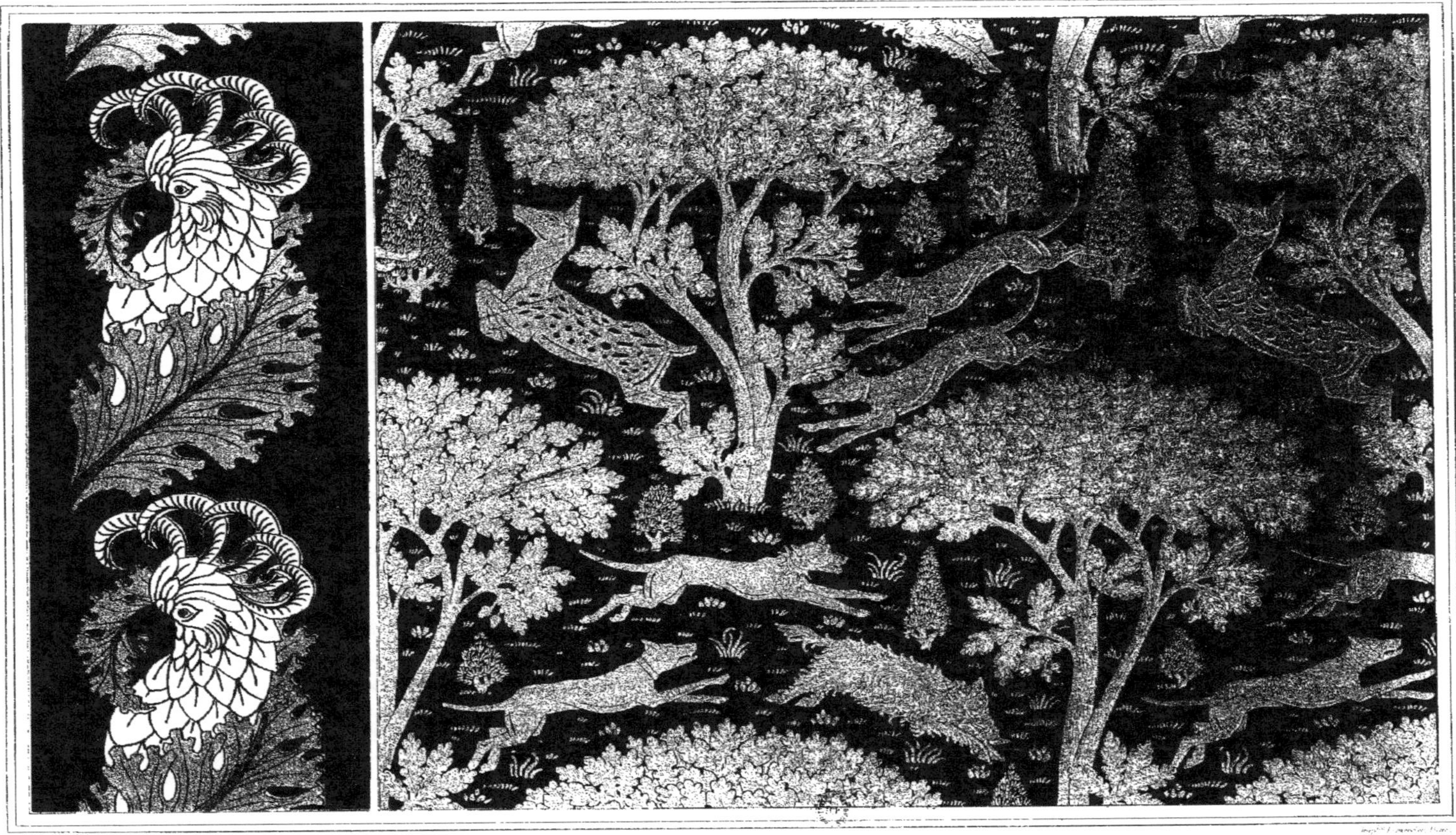

CACATOÈS. BORDURE.   CHIENS CHEVRETTES ET MARCASSINS, CUIR GAUFRÉ ET DORÉ

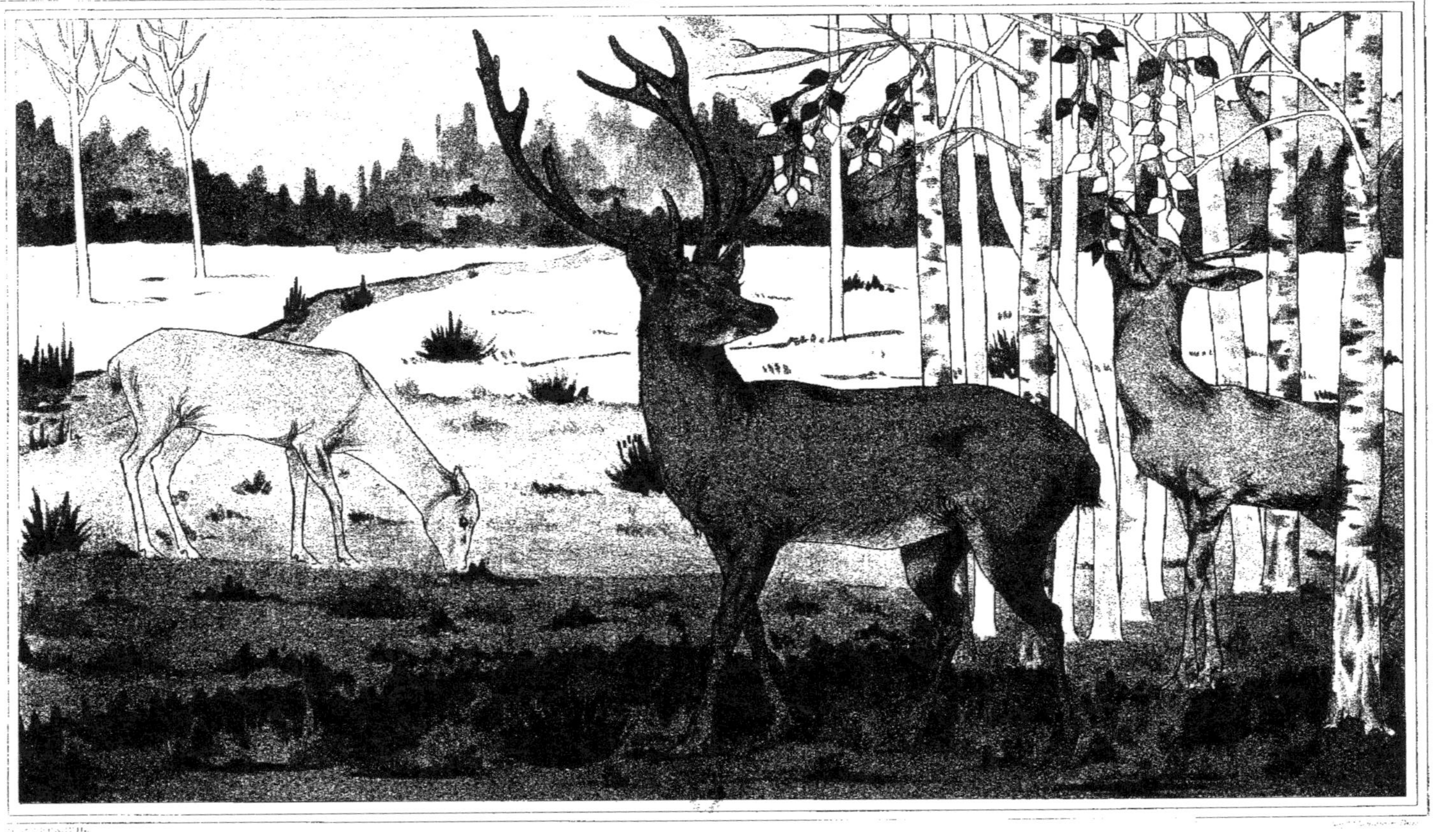

CERFS.

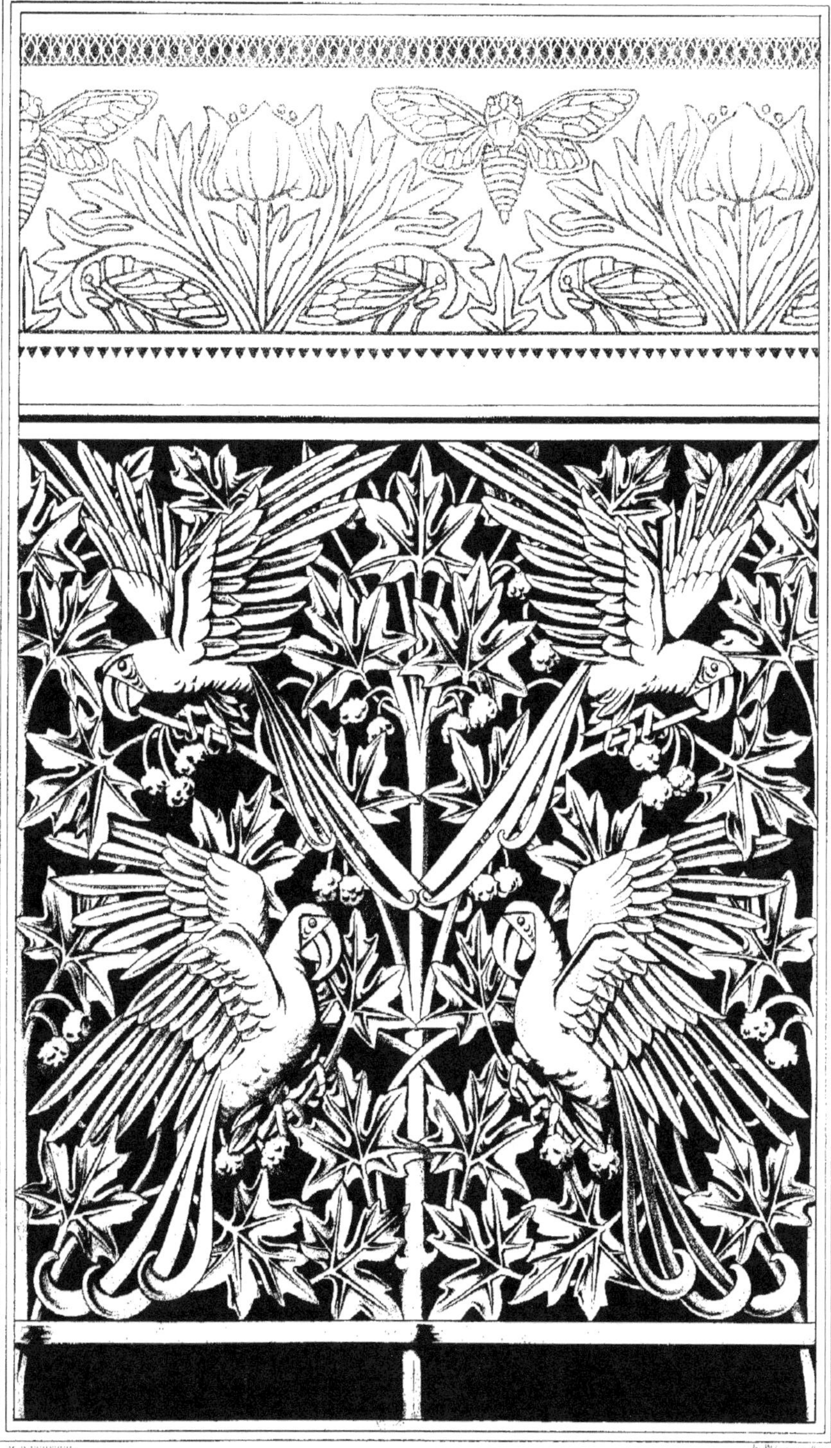

CIGALES ET ANÉMONES, BORDURE DE NAPPERON.

ARAS ET PLATANE, FONTE.

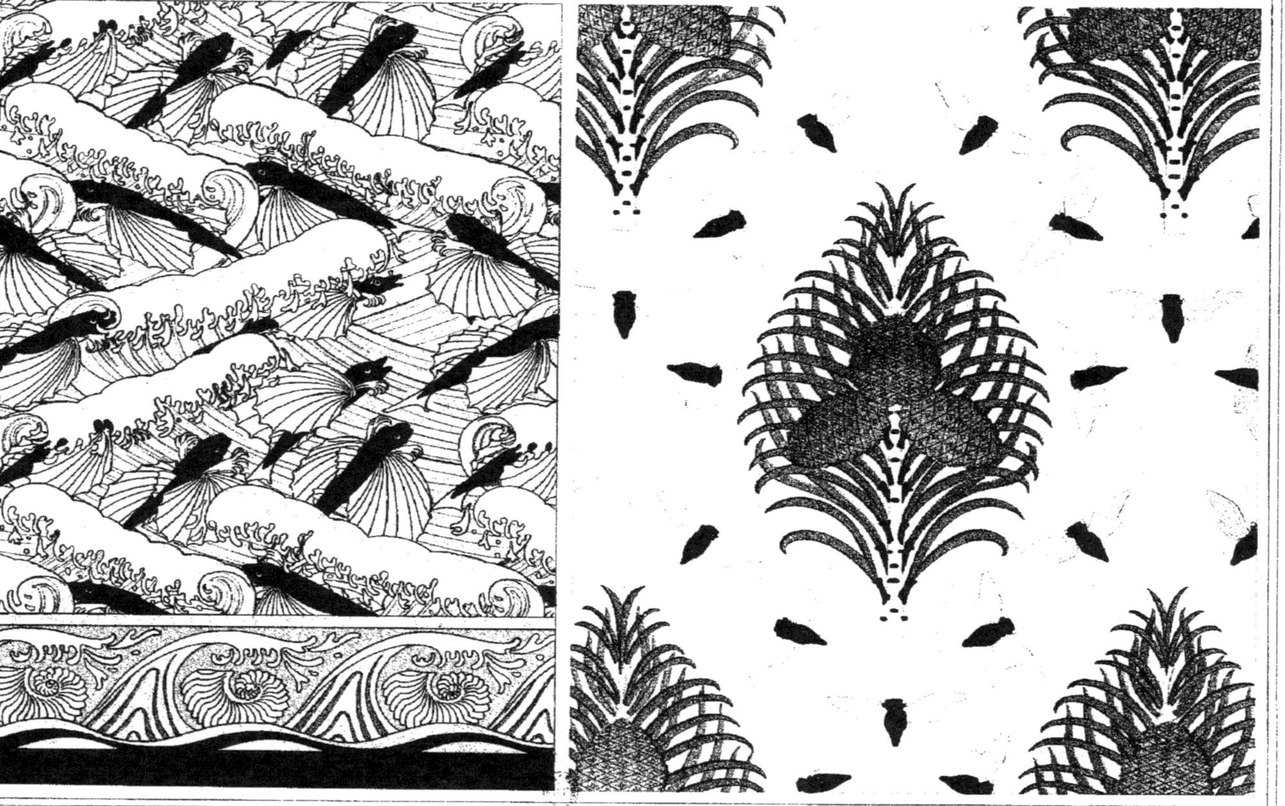

POISSONS VOLANTS et VAGUES, Papier peint.   CIGALES et PIN, Papier peint.

COQUILLES DE NAUTILES, Bordure.

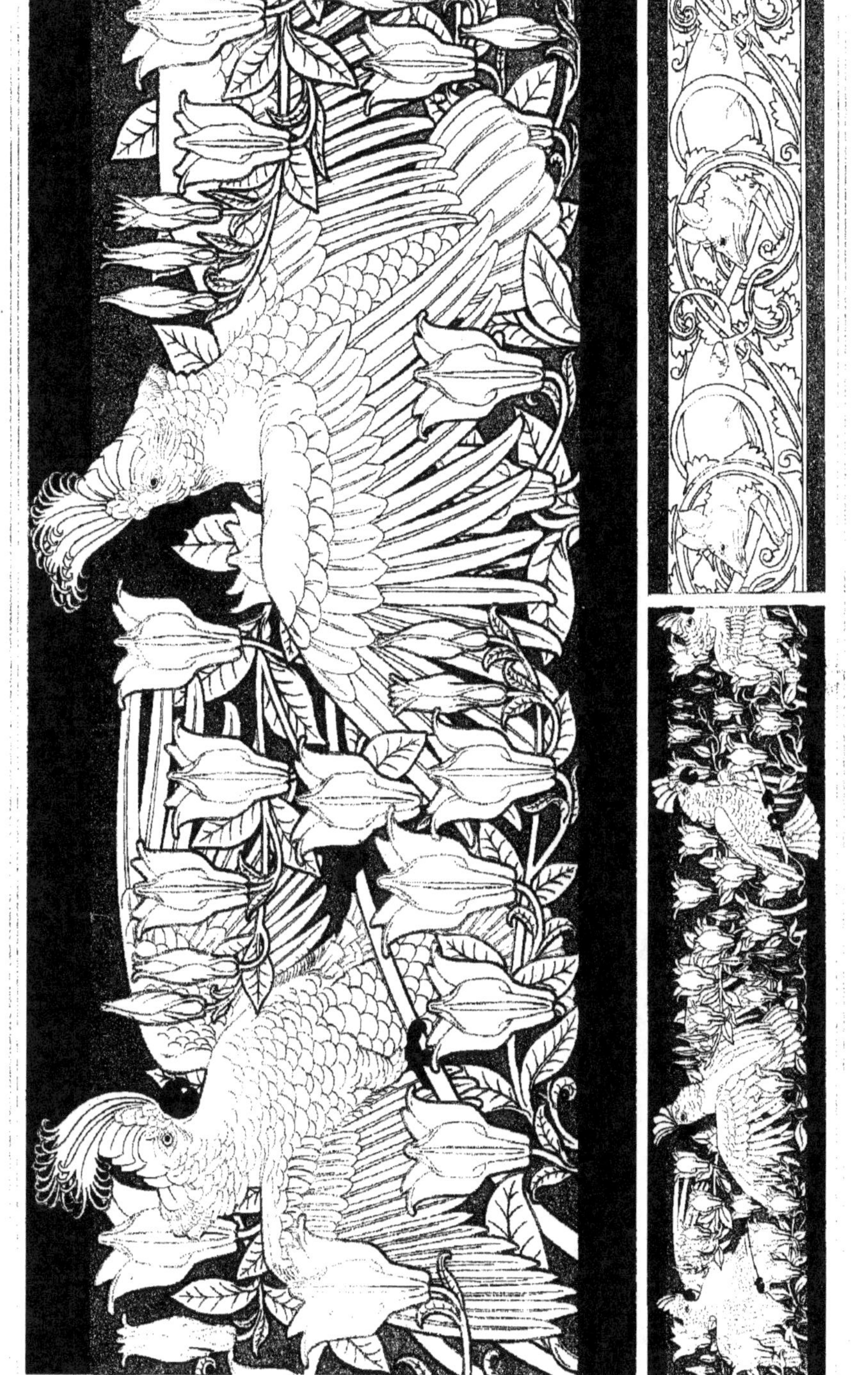

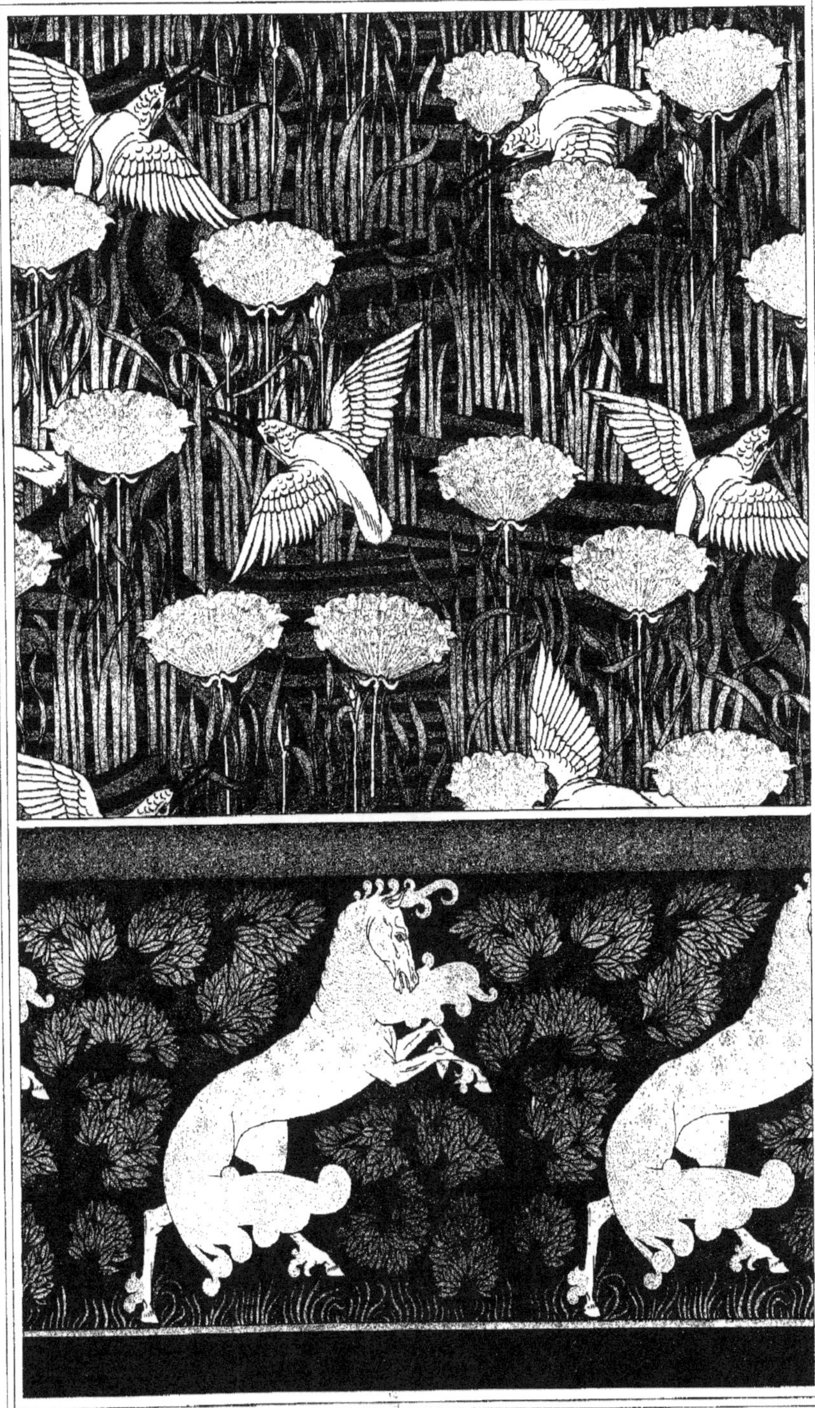

MARTINS-PÊCHEURS ET BUTOME EN OMBELLE, PAPIER PEINT.　　CHEVAUX ET ARBRES, BORDURE.

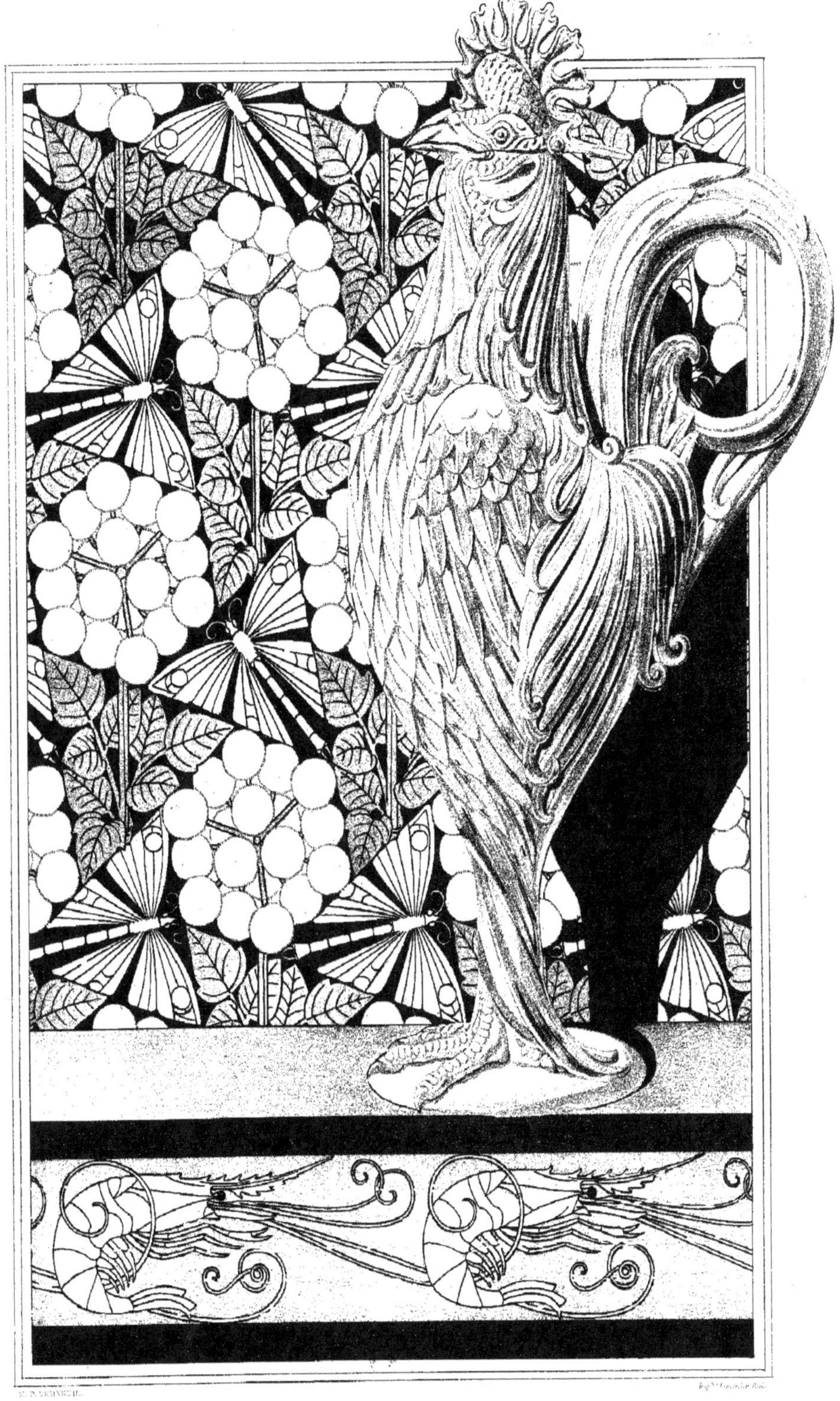

COQ, VASE ARGENT CISELÉ.   OMBELLES ET LIBELLULES, JEU DE FOND.

CREVETTES, BORDURE.

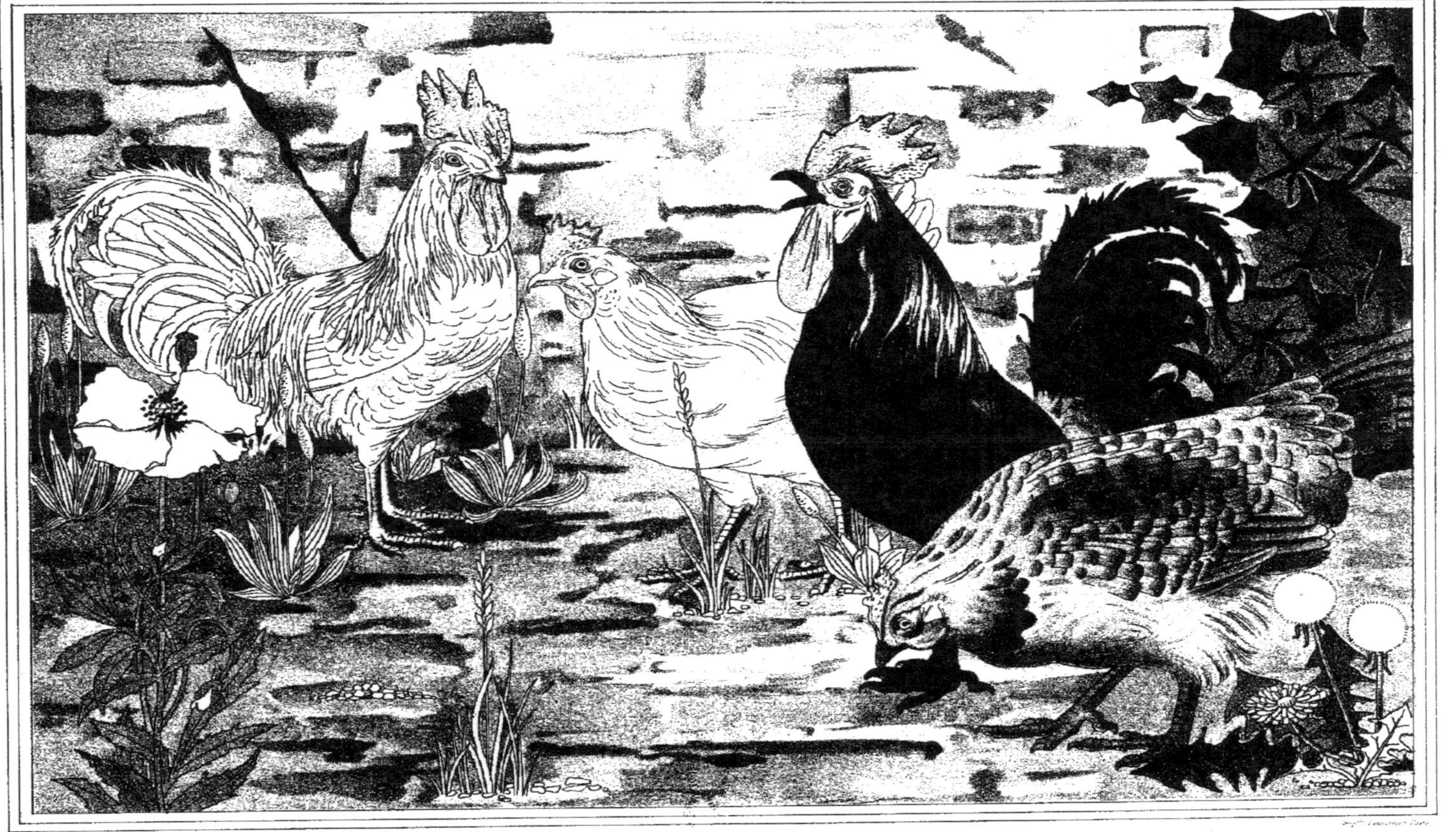

COQS ET POULES.

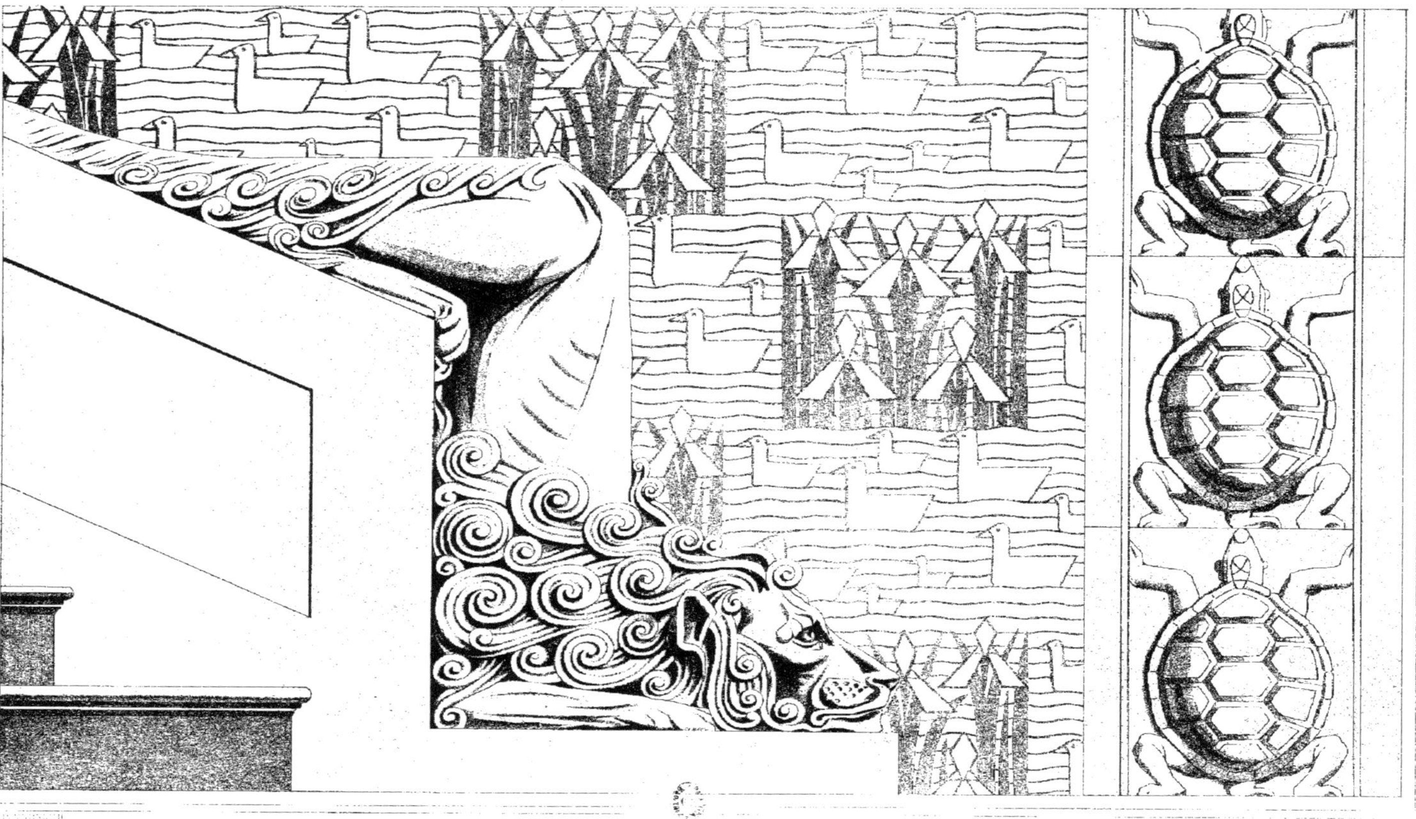

LION, DÉPART DE RAMPE EN BRONZE DORÉ POUR UN ESCALIER D'HÔTEL.

CANARDS ET IBIS, PANNEAUX POUR ORNEMENT.

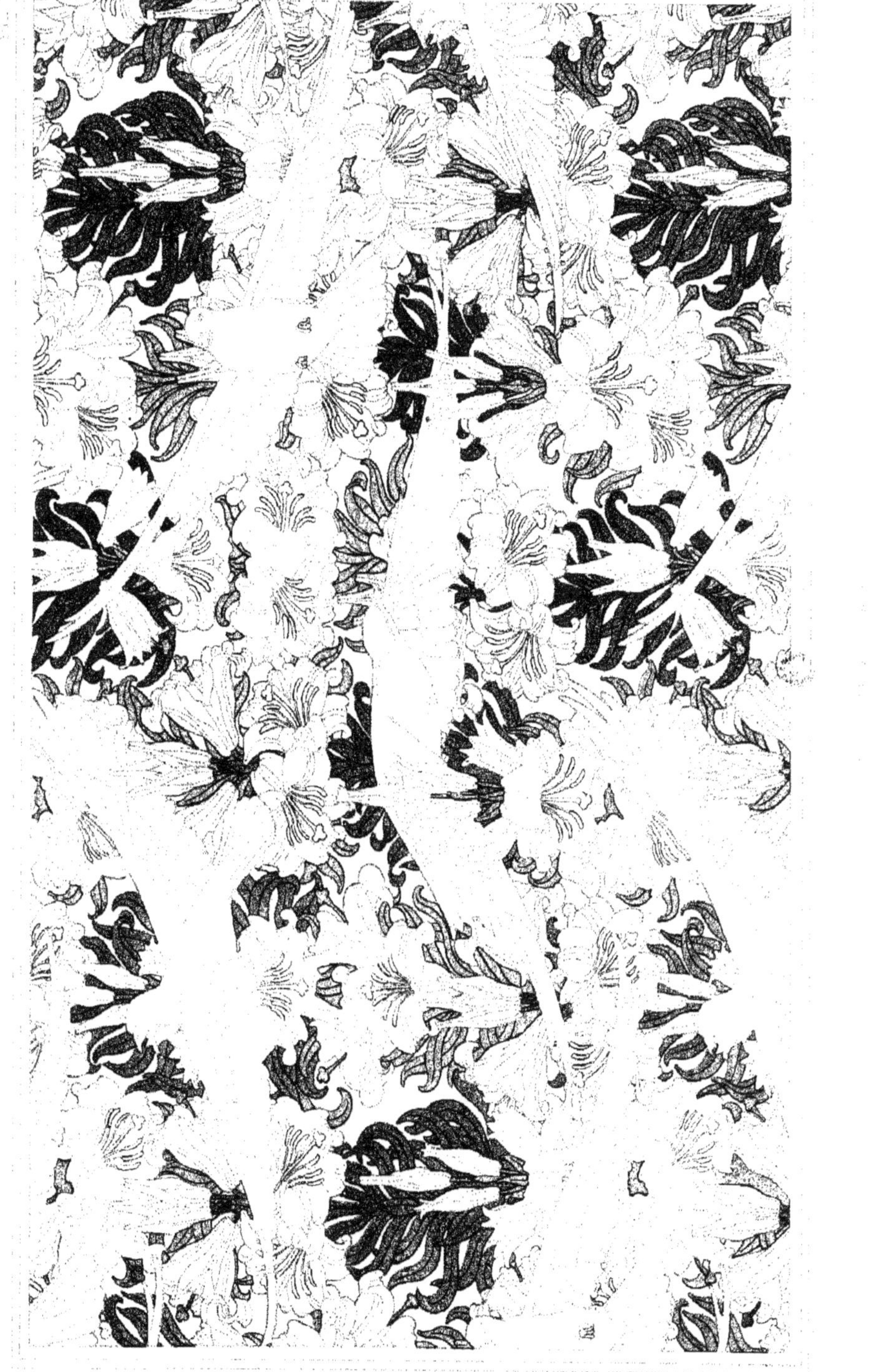

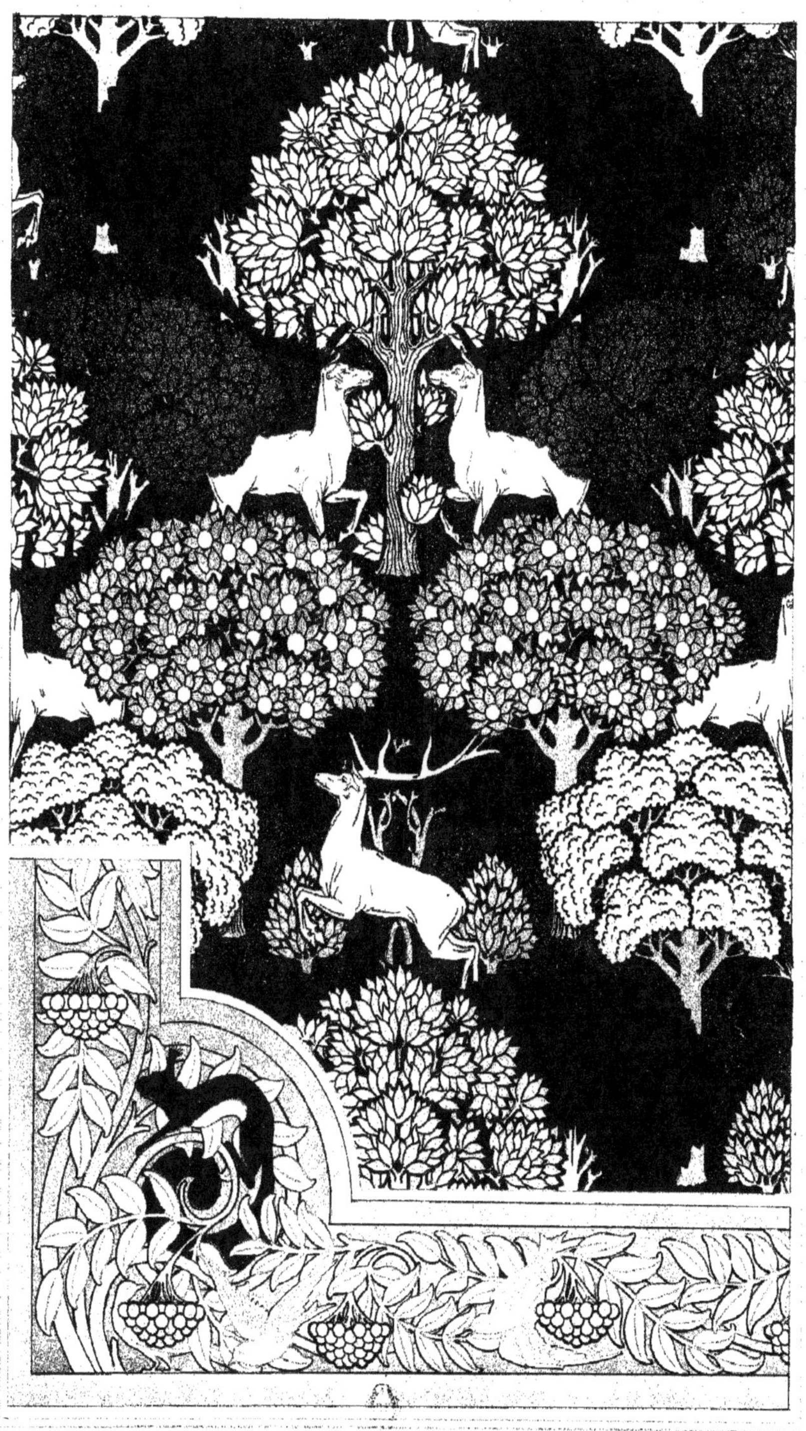

OISEAUX, Jeu de fonds.   ESCARGOTS et CHAMPIGNON.   COCCINELLES et CAPILLAIRES, Étoffe.

FAISANS DORÉS et IRIS, Bordures.

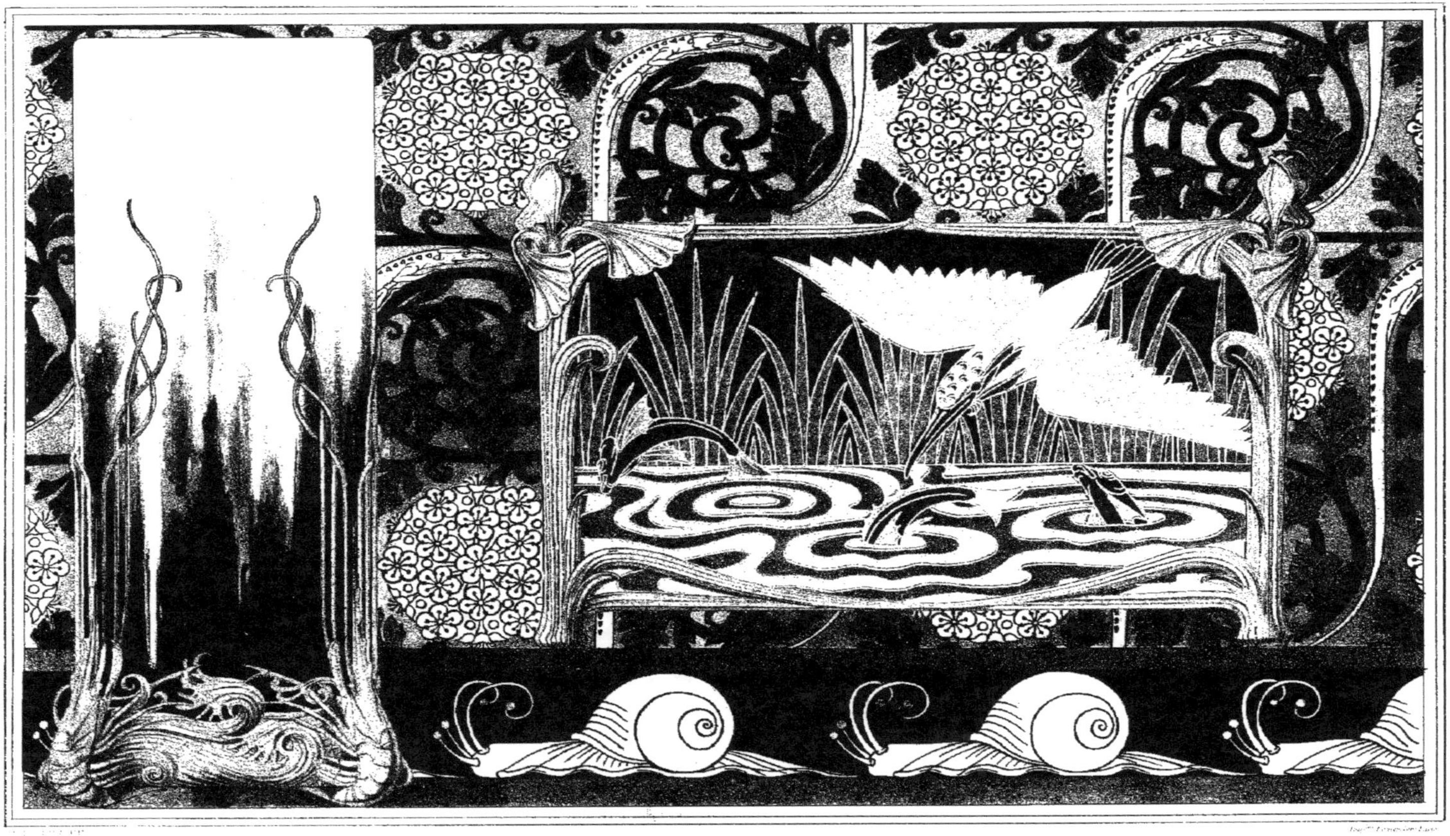

CREVETTES, SUPPORT EN BRONZE POUR UN VASE.   MARTIN-PÉCHEUR ET POISSONS, JARDINIÈRE BRONZE ET ÉMAIL CLOISONNÉS.

LÉZARDS ET AUBÉPINE, PAPIER PEINT.   ESCARGOTS, BORDURE.

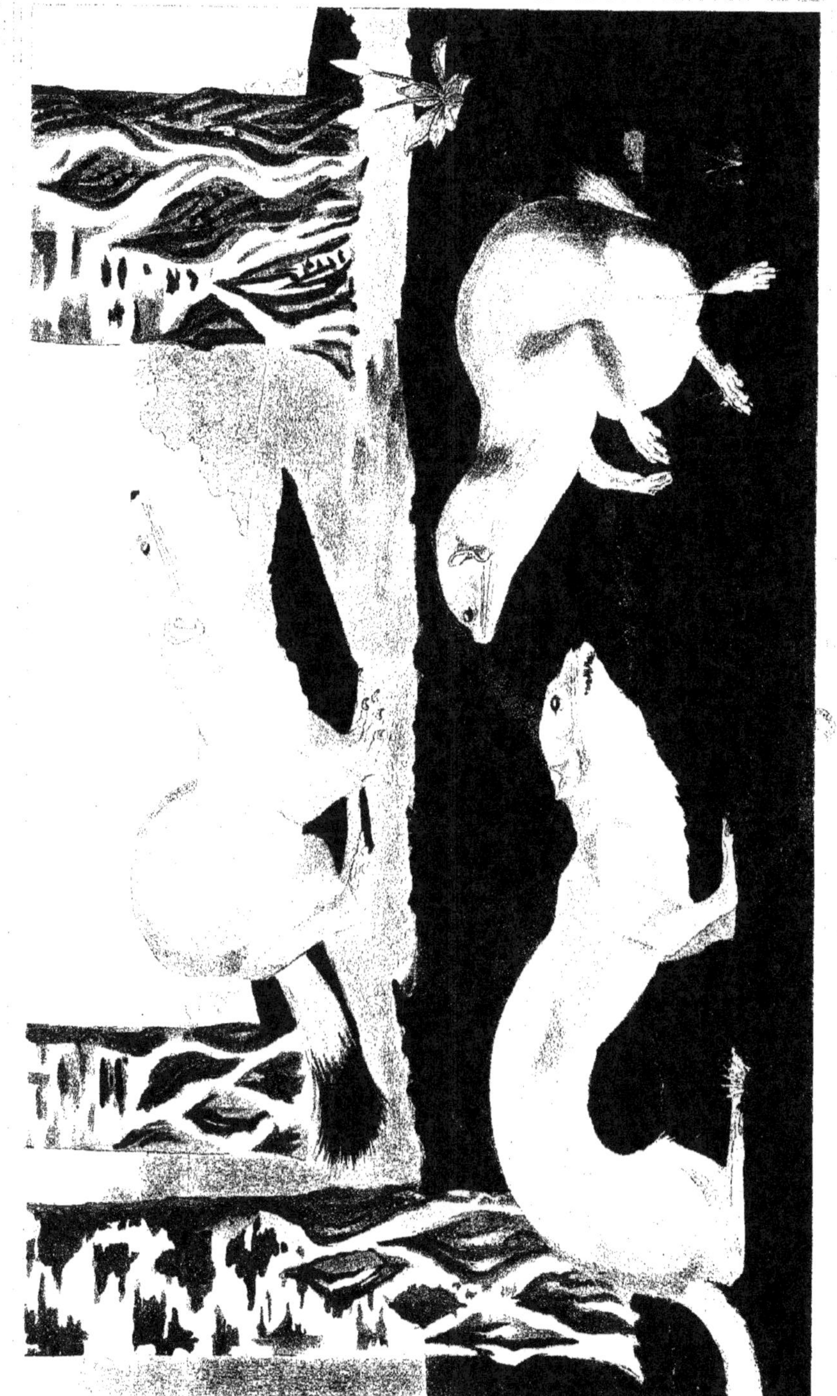

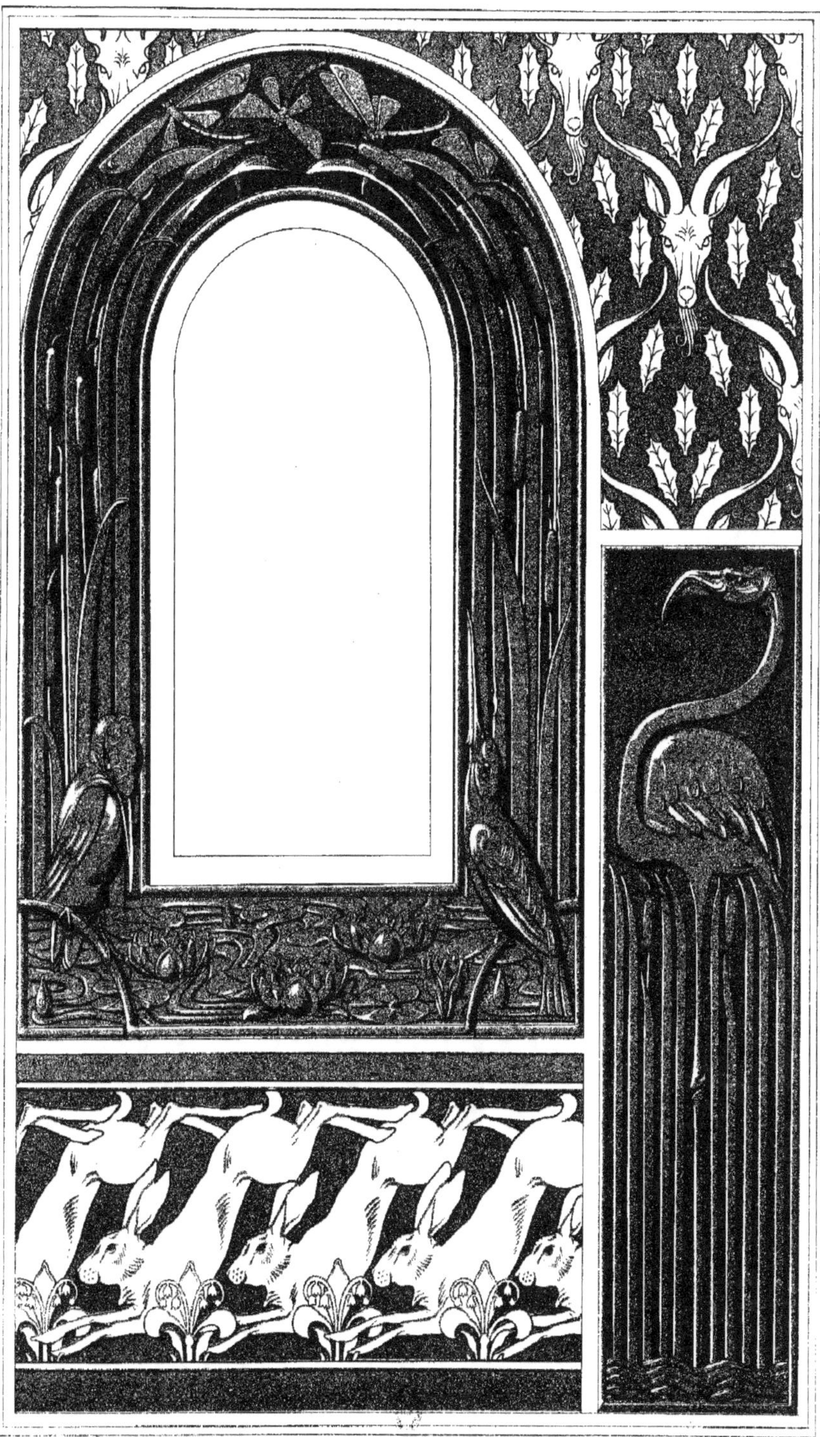

TÊTES DE CHÈVRES, frise.   FLAMANT, plaque cuivre fondu.

MARTINS-PÊCHEURS, LIBELLULES, ROSEAUX et NÉNUPHARS.

Encadrement de miroir cuivre repoussé.

LAPINS et MUGUET, frise.

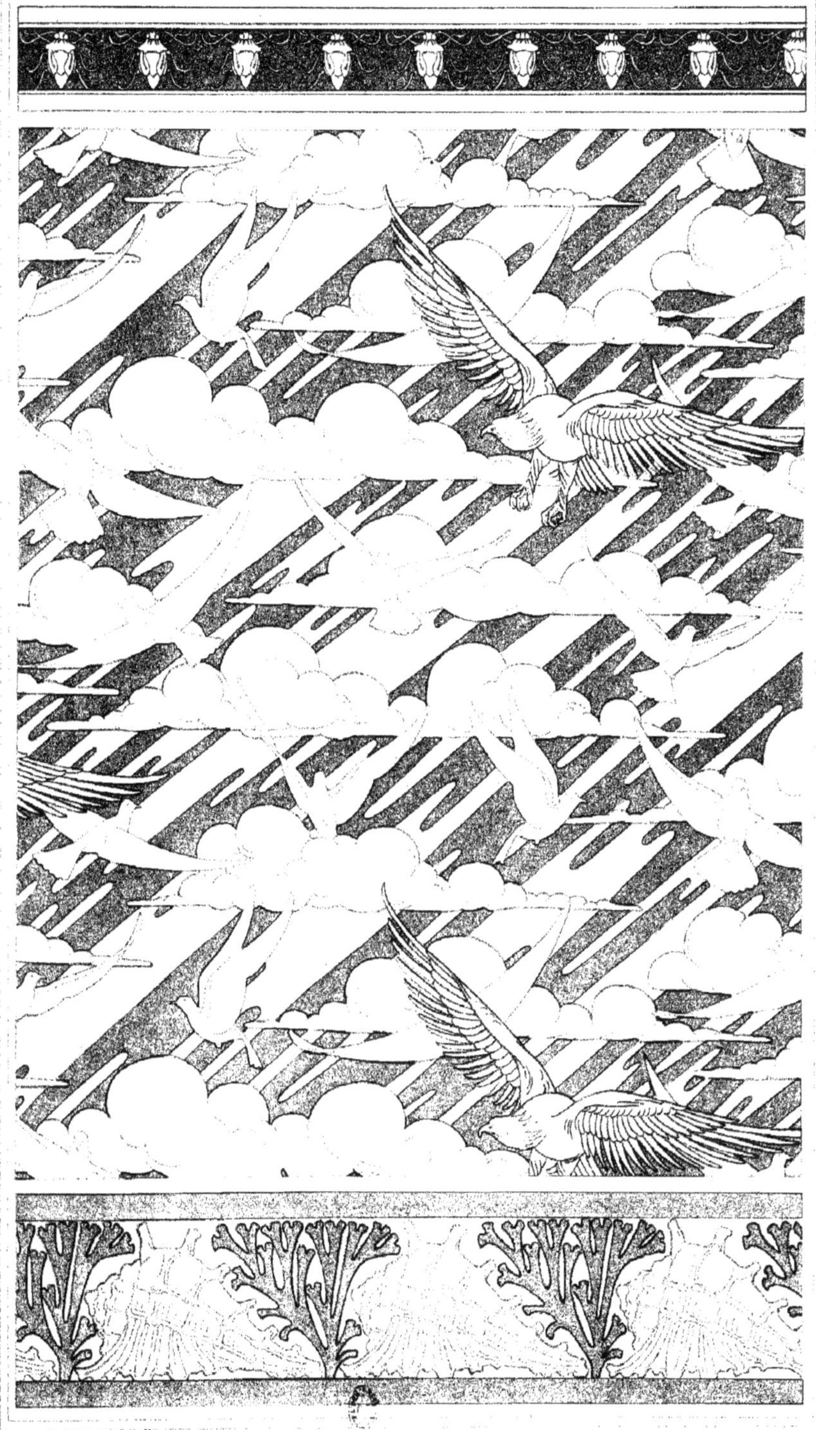

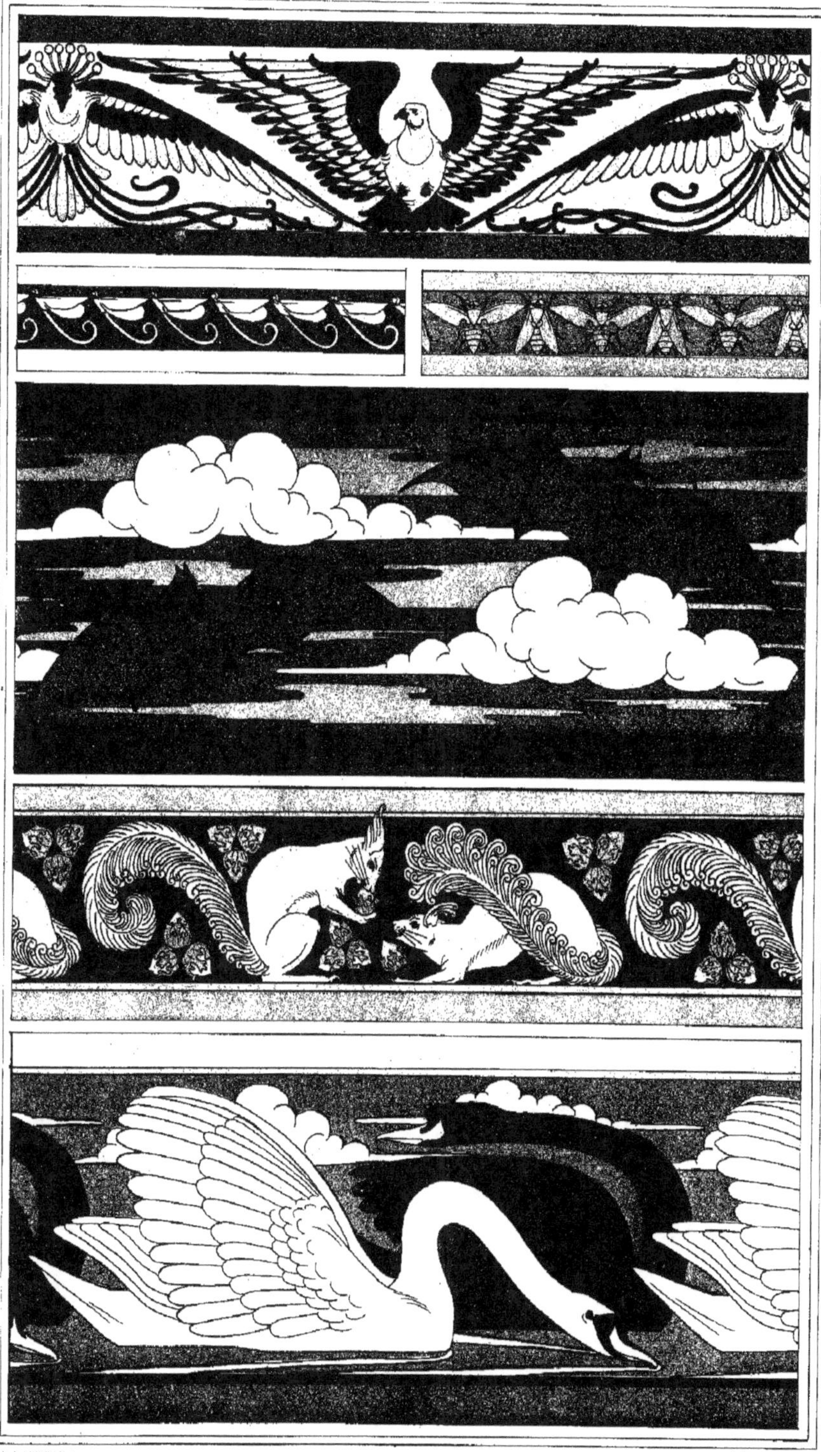

OISEAUX. LIBELLULES. MOUCHES. CHAUVE-SOURIS. ÉCUREUILS et NOISETTES. CYGNES. Bordures.

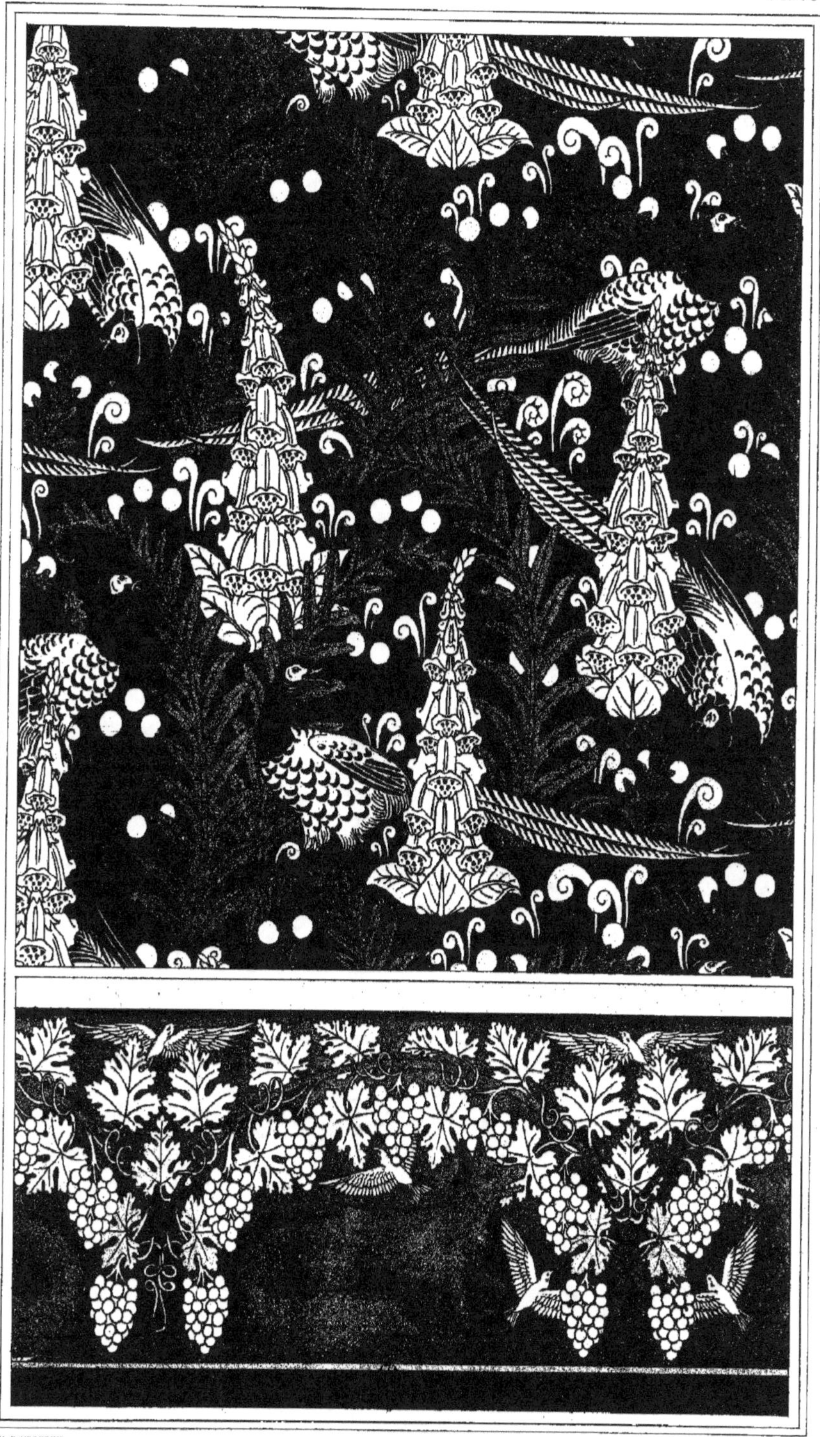

FAISANS ORDINAIRES, DIGITALES, FOUGÈRES ET PISSENLIT, ÉTOFFE IMPRIMÉE.

RENARD, OISEAUX ET VIGNE, BORDURE.

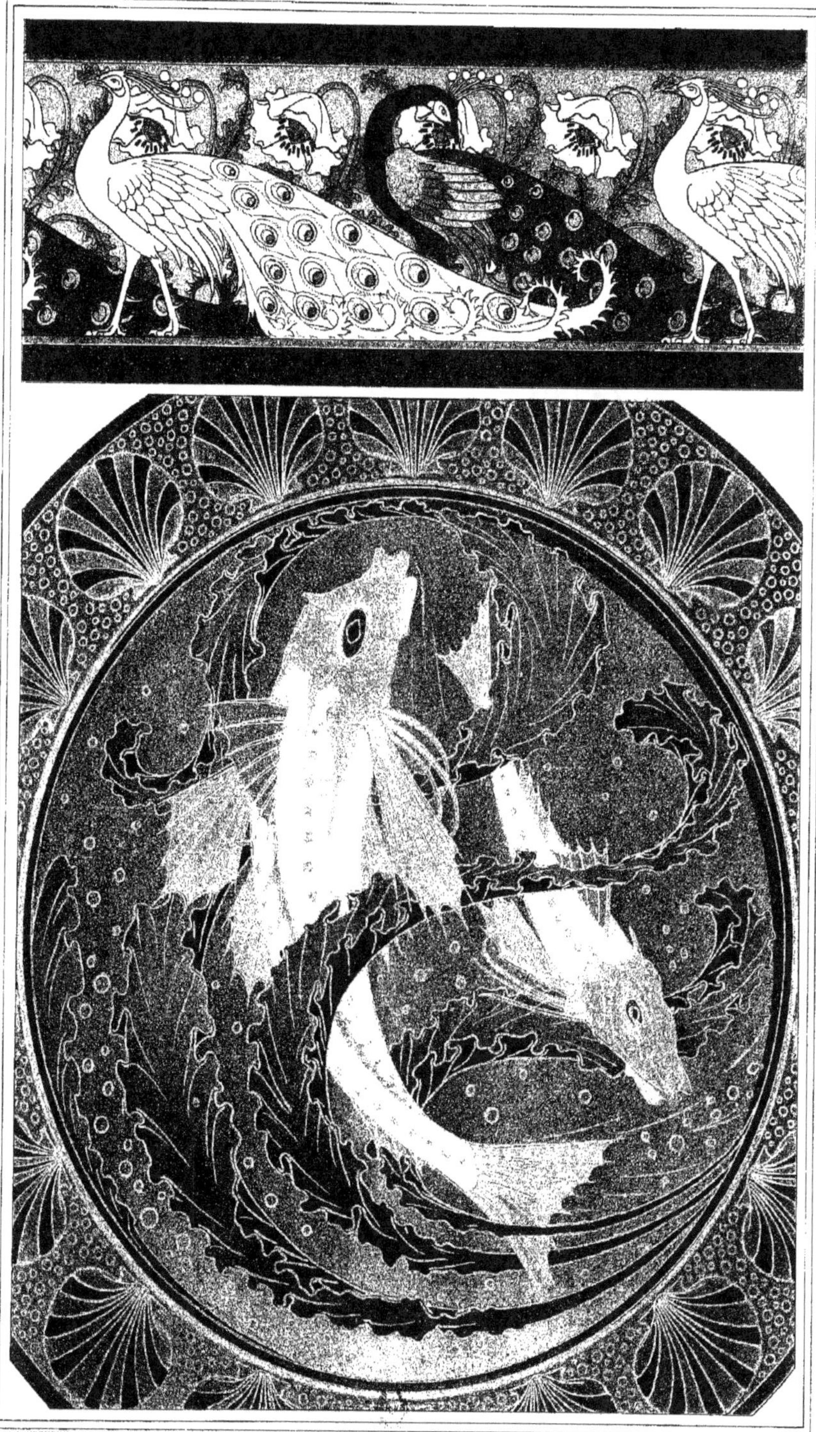

PAONS ET PAVOTS, BORDURE.   GRONDINS, ALGUES ET COQUILLES

PLAT EN ÉMAIL CLOISONNÉ

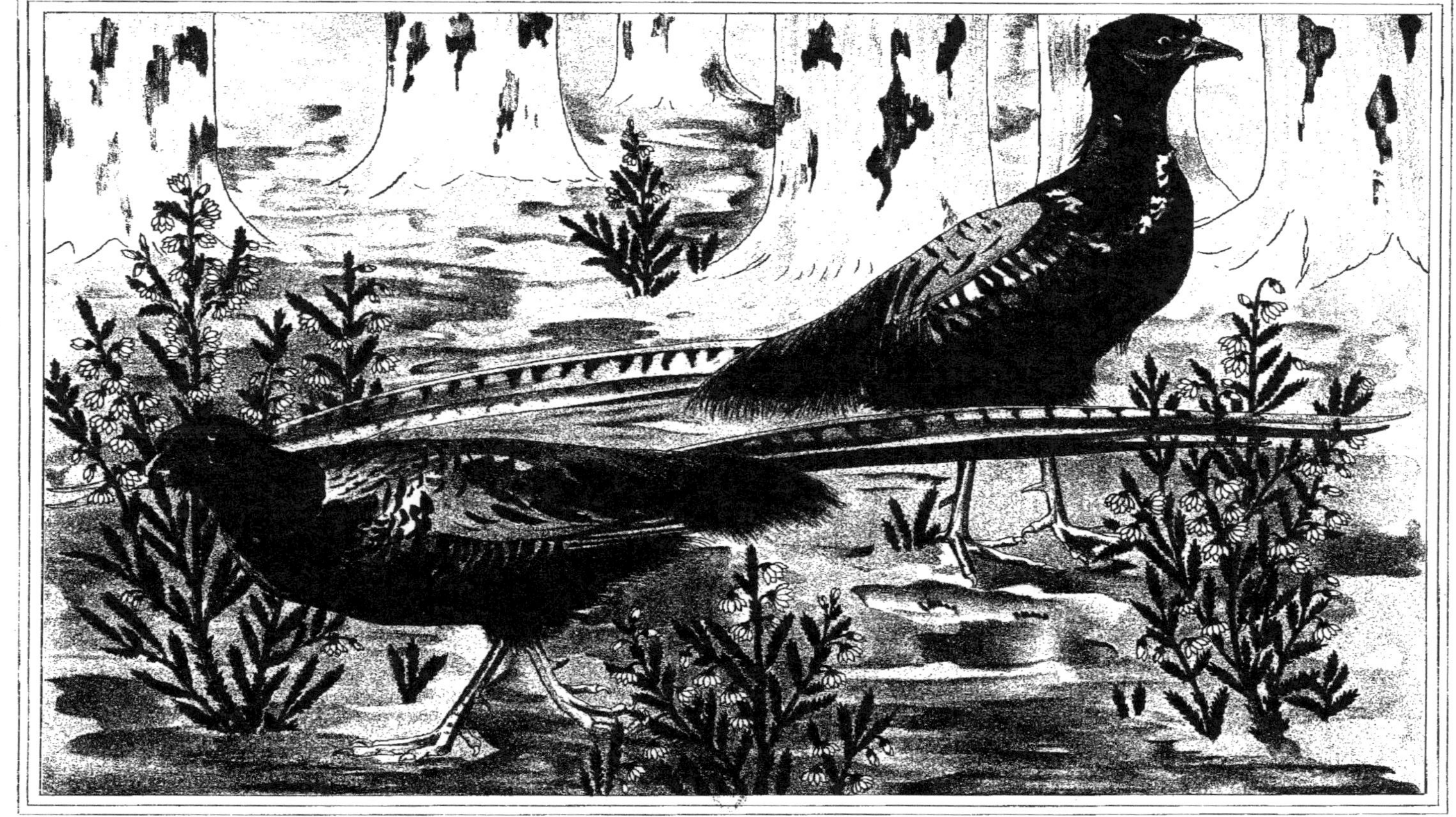

FAISANS ORDINAIRES.

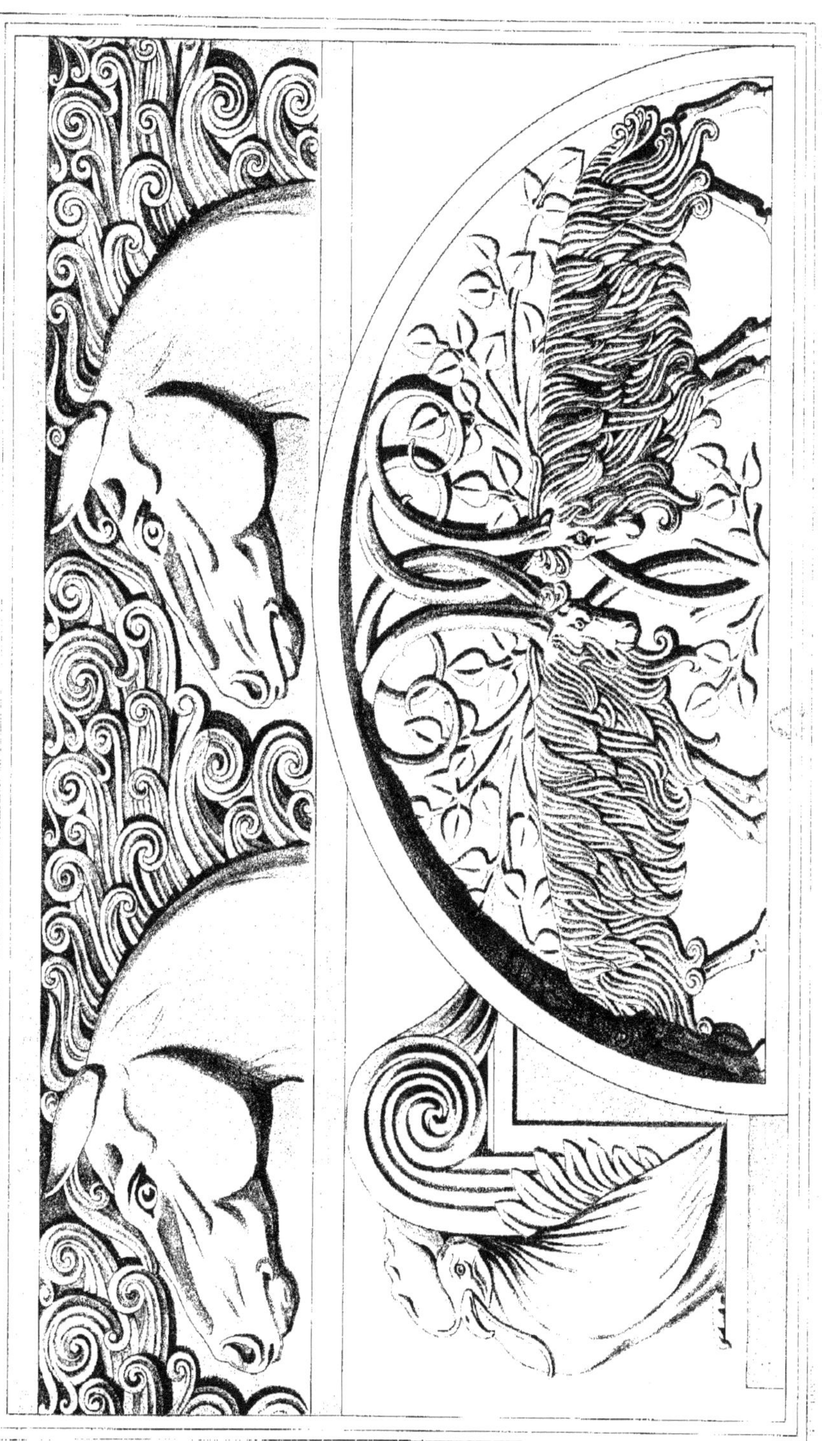

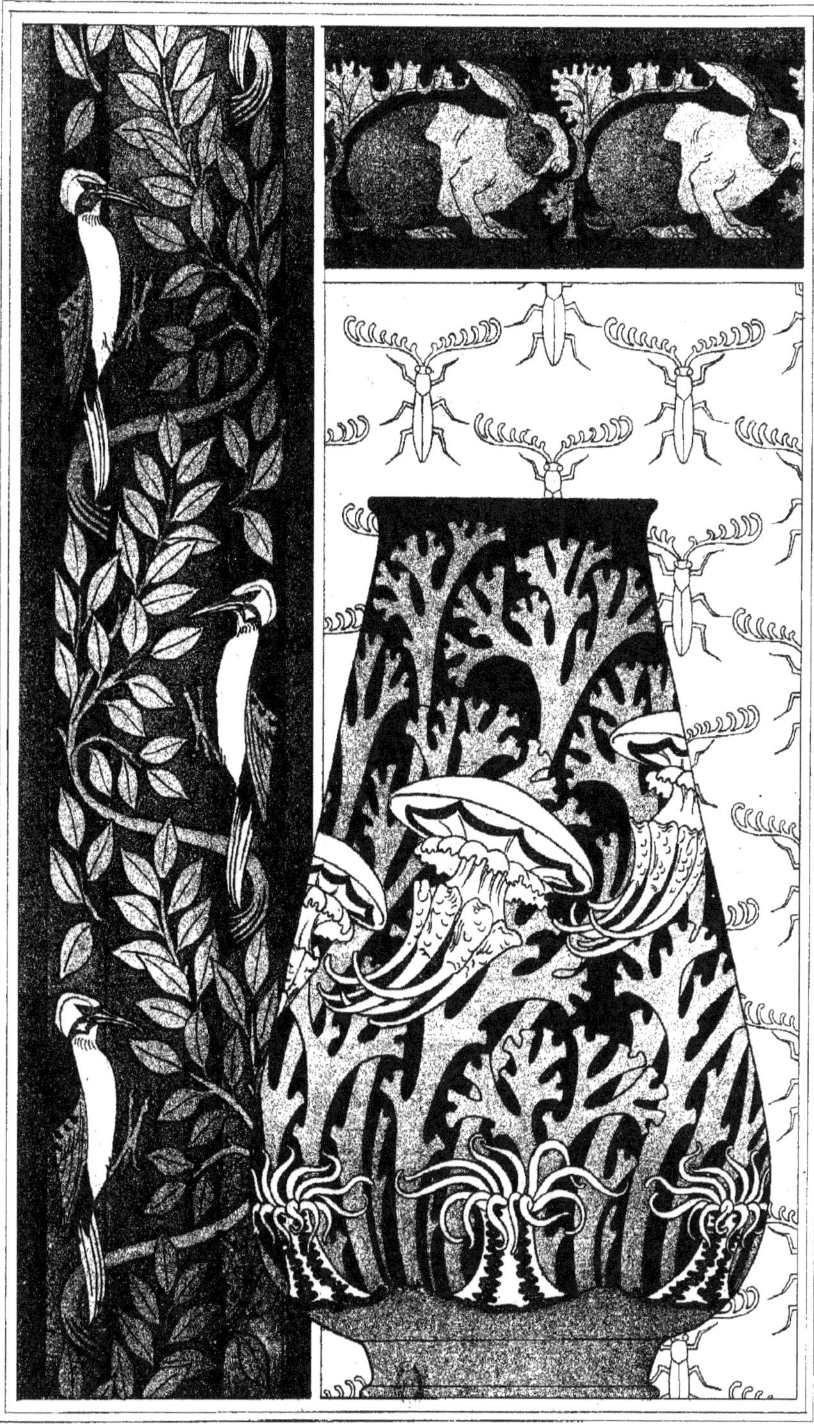

PIVERTS et ARBRE, Bordure verticale.   LAPINS et FEUILLES, Bordure.

MÉDUSES, ANÉMONES DE MER et ALGUES, Vase.   INSECTES, Jeu de fond.

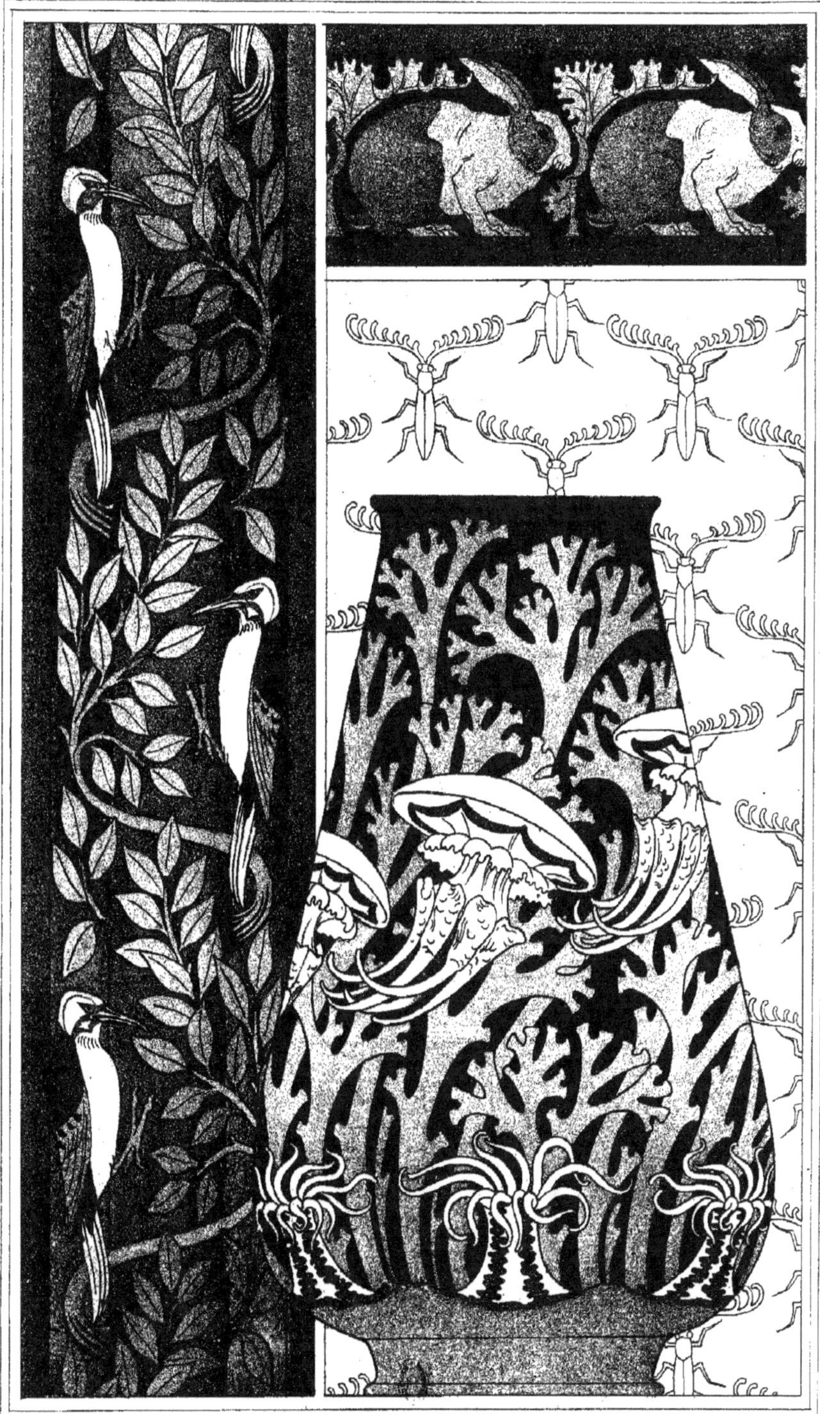

PIVERTS ET ARBRE, Bordure verticale.   LAPINS ET FEUILLES, Bordure.

MÉDUSES, ANÉMONES DE MER ET ALGUES, Vase.   INSECTES, Jeu de fond.

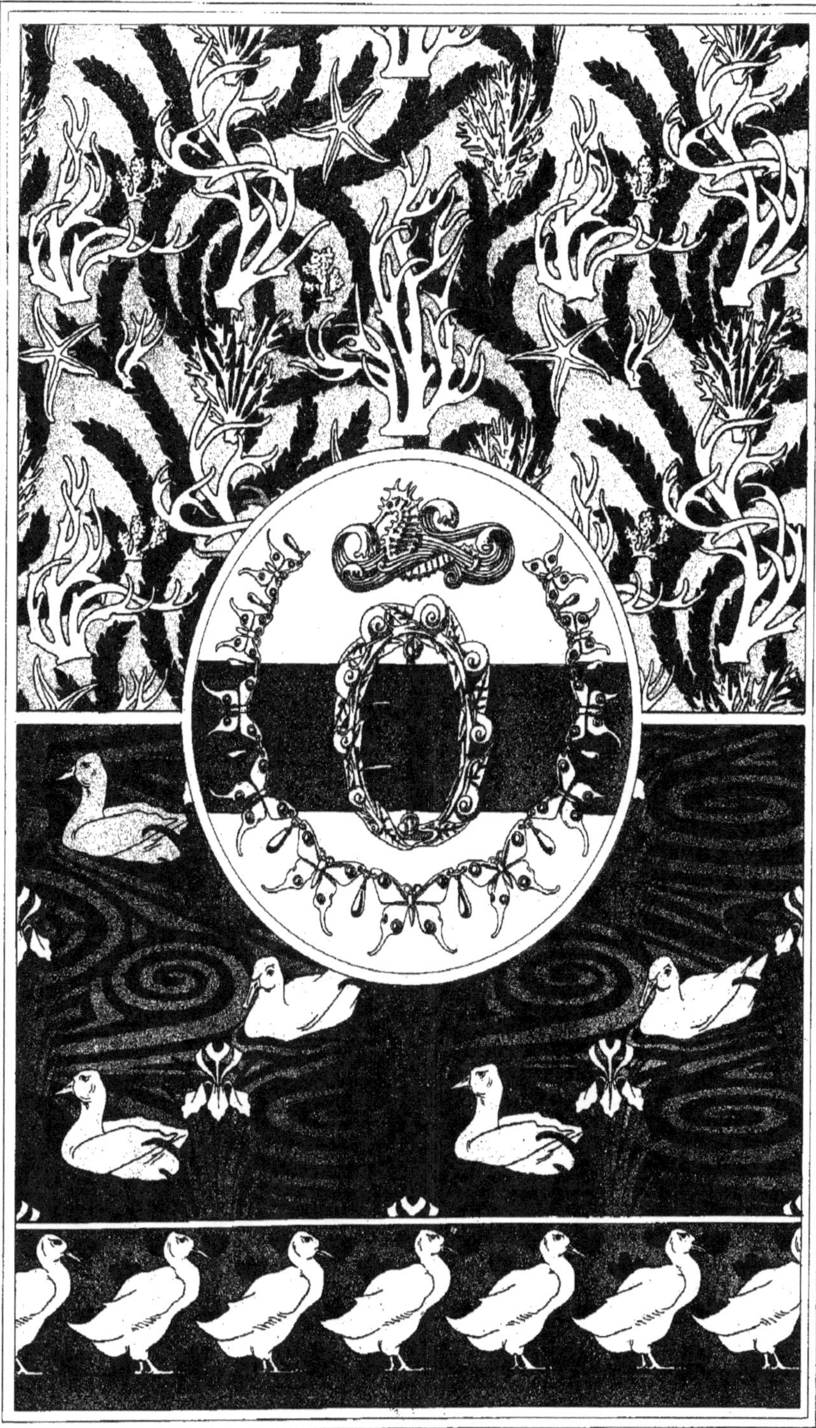

CORAUX, MADRÉPORES, ÉTOILES DE MER et ALGUES, Cretonne imprimée.

CANARDS et IRIS D'EAU, Papier peint.   HIPPOCAMPE, Broche.   CANARDS, Bordure.

ESCARGOTS et LISERON, Boucle.

PAPILLONS, Collier.

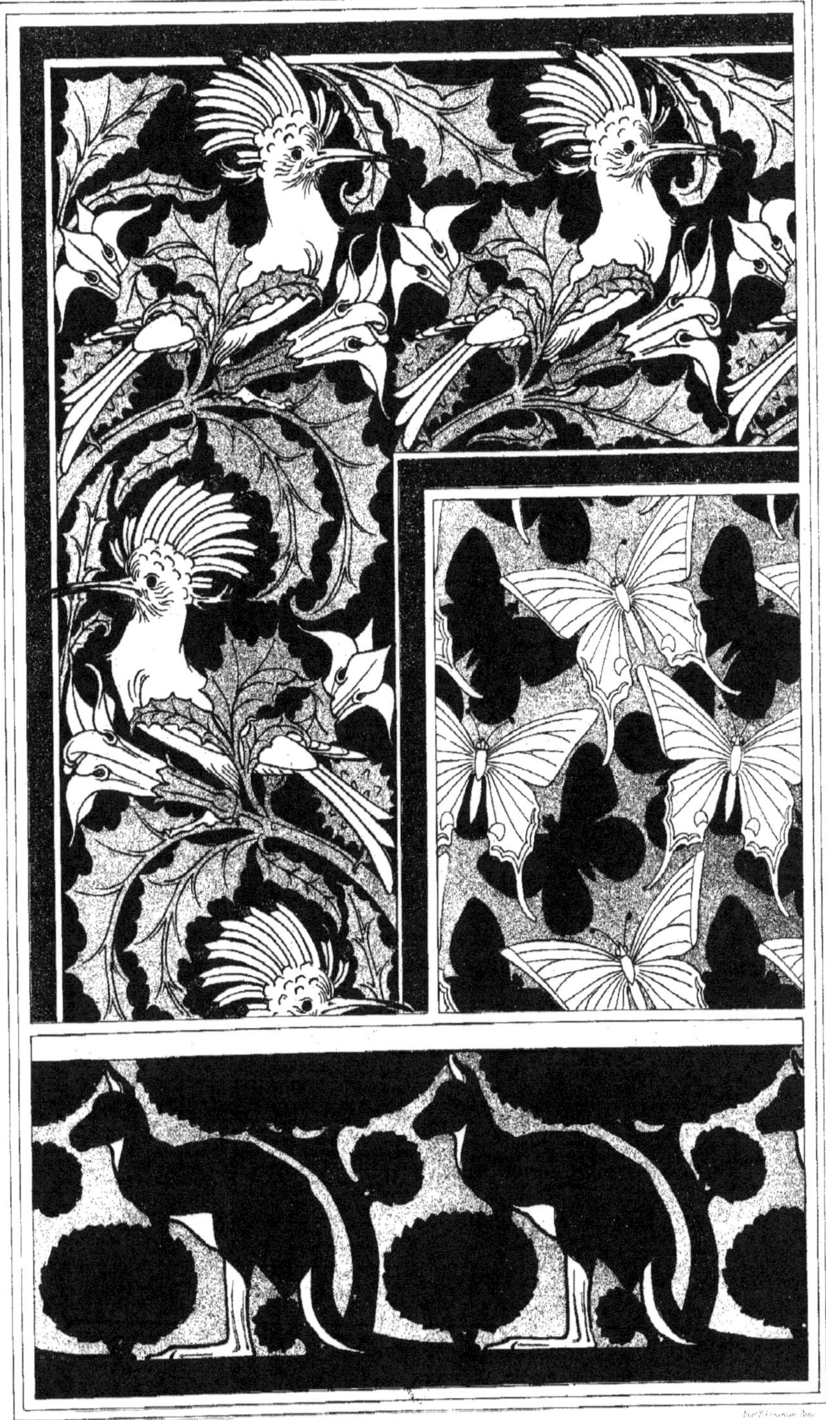

HUPPES ET STRAMOINE, Bordure.

PAPILLONS, Étoffe de soie.

KANGOUROU ET ARBRES, Bordure.

ÉCUREUIL, OISEAUX ET NOISETIER, Tenture.   CHÈVRE ET VIGNE, Gobelet argent.   CORBEAUX ET MAGNOLIA, Tenture.

COQS ET POULES, Assiette d'enfant.